诺奖作家
给孩子的阅读课

人生智慧

［德］黑 塞等著　刘彦妤等译

天地出版社　TIANDI PRESS

图书在版编目（CIP）数据

人生智慧 / （德）黑塞等著；刘彦妤等译. — 成都：
天地出版社，2024.3
（诺奖作家给孩子的阅读课）
ISBN 978-7-5455-8220-8

Ⅰ.①人… Ⅱ.①黑…②刘… Ⅲ.①阅读课—中小
学—教学参考资料 Ⅳ.①G634.333

中国国家版本馆CIP数据核字（2023）第257054号

NUOJIANG ZUOJIA GEI HAIZI DE YUEDU KE · RENSHENG ZHIHUI

诺奖作家给孩子的阅读课·人生智慧

出 品 人	杨　政
作　　者	［德］黑　塞等
译　　者	刘彦妤等
责任编辑	袁静梅
责任校对	张思秋
插　　画	刘　洋
封面设计	纸深文化
内文排版	谢　彬
责任印制	王学锋

出版发行	天地出版社
	（成都市锦江区三色路238号 邮政编码：610023）
	（北京市方庄芳群园3区3号 邮政编码：100078）
网　　址	http://www.tiandiph.com
电子邮箱	tianditg@163.com
经　　销	新华文轩出版传媒股份有限公司

印　　刷	迪明易墨（天津）印刷有限公司
版　　次	2024年3月第1版
印　　次	2024年3月第1次印刷
开　　本	710mm×1000mm　1/16
印　　张	10
字　　数	120千字
定　　价	29.00元
书　　号	ISBN 978-7-5455-8220-8

版权所有◆违者必究

咨询电话：（028）86361282（总编室）
购书热线：（010）67693207（营销中心）

如有印装错误，请与本社联系调换。

编者的话

2012年,我国作家莫言先生获得了诺贝尔文学奖,一时间激起了国内读者阅读诺奖作家作品的热潮。诺贝尔文学奖无疑是世界最具影响力的文学奖项之一,代表着文学创作的卓越成就。一百多年来评选出了上百位得主,他们的作品在思想深度、精神内涵和语言艺术等方面均具有卓越品质。

为了让孩子能够接触到高质量的文学作品,以培养他们的文学素养,提高他们的欣赏品位和阅读品鉴能力,我们想到了为他们选编一套诺奖作家的作品集。

最初,我们很担心诺贝尔文学奖得主的作品由于思想过于深邃而让人感到艰深晦涩,但查阅了上百位诺奖得主的作品后,我们惊喜地发现,大部分诺奖作家都曾写过生趣盎然、简单易懂的作品,即便是孩子,也可以轻松理解。

于是,我们参考了教育部推荐阅读的文学篇目,精选出这套既适合孩子阅读又富有教育启发意义的丛书——诺奖作家给孩子的阅读课。

丛书共六册,分六个主题,涉及孩子成长过程中的六大重要主题。

心智成长:包括《觉醒》(高尔斯华绥)、《勇敢的船长》(吉卜林）和《论创造》（罗曼·罗兰）等作品，帮助孩子培养独立、自信、坚韧不拔等优秀品质，让他们内心充盈起来，能够勇敢面对成长过程中的各种挑战。

生命教育：包括《在异乡》（海明威）、《鹰巢》（比昂逊）和《小银和我》（希梅内斯）等作品，引导孩子意识到生命的宝贵，理解爱与关怀的重要性，珍惜生命，关爱他人，培养孩子积极的人生观。

人生智慧：包括《童年逸事》（黑塞）、《山里人家的圣诞节》（汉姆生）和《安妮与奶牛》（延森）等作品，带领孩子体验世间百态，探索生活的多样性和人生的丰富性，激发孩子对生活的热爱与思考，从而塑造积极的人生态度。

情感启蒙：包括《破裂》（泰戈尔）、《塔楼里的王子》（法朗士）和《暑假作业》（川端康成）等作品，引导孩子认识情感，理解他人的感受，学会表达自己的情感，并与他人建立良好的人际关系。

品格修养：包括《品质》（高尔斯华绥）、《皇帝和小女孩》（萧伯纳）和《艰难的时刻》（托马斯·曼）等作品，着重培养孩子的道德观念与行为准则，以及正直、善良、宽容和有责任感等美好品格，引导他们成为具有良好品格修养的人。

亲近自然：包括《白海豹》（吉卜林）、《一只狗的遗嘱》（尤金·奥尼尔）和《小野猪》（黛莱达）等作品，让孩子认识到大自然中万事万物的美妙和脆弱，培养他们关爱大自然、保护野生动植物的意识。

为了使孩子能够更好地理解和接受这些作品，我们按照阅读的难易程度进行了编排，让他们能够循序渐进地熟悉这些名篇佳作，逐渐爱上阅读。同时，我们为每一篇作品都增加了旁批，包括生词、知识点注释与文段语句赏析，让孩子在阅读的过程中解决障碍，积累知识，拓宽眼界，学会思考。

此外，我们还精心制作了每位作家的档案卡，涵盖作家的生平经历、获奖理由以及适合作为作文素材的佳句名言等。这些辅助内容可以帮助孩子更好地了解作家的生平和创作风格，加深对作品的把握与理解。

我们希望，通过阅读这套书，孩子不仅能感受到文学之美，还能提升阅读理解能力、语言表达能力；不仅能了解到关于生命、生活、自然、社会的有用知识，还能在品格、情感等方面获得成长。

衷心期待这套书能为孩子带来愉快的阅读体验，成为他们人生道路上的良师益友。

目 录

黑 塞

童年逸事	4
藤椅的童话	31
幸　福	37
独　自	38
白　云	39
幸福的时刻	40
满树的花	41

汉姆生

大草原	44
山里人家的圣诞节	56

皮兰德娄

一　天	68

显克维奇

灯塔看守人　　　　　　　　　　　80
小音乐家扬科　　　　　　　　　　102

延　森

安妮与奶牛　　　　　　　　　　　116
七个沉睡者　　　　　　　　　　　121

叶　芝

最后的吟游诗人　　　　　　　　　142
老人临水感叹　　　　　　　　　　151

人生智慧

○ 作家档案

中 文 名：**黑塞**

外 文 名：Hermann Hesse

国　　籍：德国

出生日期：1877年7月2日

逝世日期：1962年8月9日

认识作者

　　黑塞，作家、诗人，生于德国西南部的小城卡尔夫的一个牧师家庭。曾在神学院学习，后逃离学院。当过工厂学徒工、书店店员。1912年起侨居瑞士，1923年入瑞士籍。他二十一岁自费出版了自己的第一部诗集，反响平平，直到二十六岁发表长篇小说《彼得·卡门青》，一举成名，从此走上职业作家的道路。

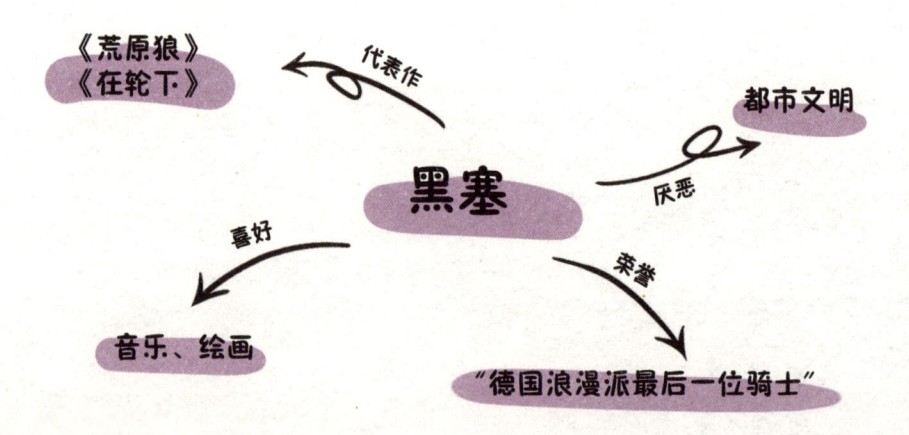

《荒原狼》
《在轮下》 ← 代表作

厌恶 → 都市文明

黑塞

喜好 → 音乐、绘画

荣誉 → "德国浪漫派最后一位骑士"

1946年诺贝尔文学奖

获奖理由：

他那些灵思盎然的作品，一方面具有高度的创意和深刻的洞见，一方面象征古典的人道理想与高尚的风格。

创作风格

黑塞的作品以内省与自我探索为核心，通过精细的叙事和诗意的描写，对人类心灵深处的思考和情感进行深入剖析。黑塞早期的创作以浪漫主义诗歌、田园诗风格的抒情小说和流浪汉小说为主，作品洋溢着对童年和乡土的思念之情，充满对大自然和人类的爱。黑塞以其独特的美学观和对内心世界的深入挖掘而闻名，在当代文学中有着广泛的影响。

作文素材

我们生来不应该害怕别人，如果害怕某个人，那是因为你赋予了他强大的力量。你做了错事，正好让他知道了，于是他就能掌控你。《德米安》

无论她拥有伟大的智慧，还是平凡的天真，生活都不会伤害一个懂得活在当下，懂得亲近生命，能温柔仔细地欣赏沿途的每朵小花，珍惜每个游戏瞬间的人。《荒原狼》

童年逸事

刘彦妤/译

几天以来，鲜嫩的绿色给远处棕色的森林带来了炫目的光彩。今天我在莱滕斯特格的小路上，发现了第一朵半开的报春花；湿润清朗的天空中，梦幻般地飘浮着四月里轻柔的云彩，还未耕种的农田闪烁着棕色的光泽，温润的空气充满渴盼地流动着、弥漫着，仿佛它们也渴望去受孕、去发芽，去和成千上万绿色的种子、努力向上的禾苗一起验证、感受、繁衍沉默不语的新生命。一切都在等待着，一切都在准备着，一切都被温柔地笼罩着，如梦如幻，充满希冀——太阳催促着胚芽，云朵催促着田野，和风催促着嫩草。

年复一年，每年这个时候，我都在暗中焦急而热切地期待着，仿佛新生的奇迹会向我展现一个特别的时刻；仿佛我可以在一个小时里，亲眼见证力与美呈现的整个过程；仿佛我能感同身受，生命是怎样欢笑着破土而出，睁开它们年轻的大眼睛去迎接光明。

年复一年，这生命的奇迹都受到热爱与崇拜，

✏️ 这里用三个排比句，显示出"我"正焦急而热切地期待着春天。

在我身边吟唱着，散发着芬芳——但同时，奇迹也意味着不被理解：它就在那儿，但我看不到它是怎样发生的。我看不到种子破壳，看不到第一股柔软的泉水在日光中汩汩涌出。毛茸茸的白色花朵次第盛开，树木翠绿欲滴，亭亭如盖，鸟儿们欢叫着，排成一道美丽的弧线，飞过温暖的湛蓝色天空。不管我是否看见，奇迹都会发生。森林形成穹隆，远山发出呼唤，是时候蹬上靴子，拿上袋子、鱼竿和船桨，打开全部感官，去享受这美好的青春年华了。

> 一个挨一个地；依次。

每一年都比上一年更美，但每一年都比上一年流逝得更加匆匆——当我还是个男孩时，那时的春日多长啊，长得就像永远过不完一样！

如果时间允许，我又有兴致，我就会久久地躺在湿润的草地上，或者就近爬上一棵大树，悠游自在地攀着树枝摇荡，闻着花骨朵的清香和新鲜树脂的气味，看着头顶上枝叶盘绕交错而成的绿网；或明或暗的光线，从绿网缝隙中漏下来，我如同梦游般默不作声地徜徉在童年的乐园中，做一个不愿搅扰了这份宁静的客人。这种体验是那么稀有、那么甜美，如同跃入幻境般，我再次呼吸到年少时的早晨那清新的空气。刹那间，我再次看到上帝创造的原始世界——孩提时，我们都曾见过的世界，那时我们自己身上也正发生着力与美的奇迹。

今天以及在这世上的每一天，我都过得很开心。我爱这世界，也爱我的生活。即便这样，一个诸事顺遂的人也无法回看童年时他所看到的世界。那时的树木是如此快乐而倔强地向着天空生长，花园中的水仙花和风信子初露风华；还有周遭的人类，那时我对他们知之甚少，他们总是温柔又和善地对待我们这些小孩，因为他们能从我们光洁的额头上感受到神性的气息，我们却对此懵懵懂懂。我们渴望着长大，对终将失去的童真一无所知。我那时是个多么粗野又顽劣的男孩啊，从小到大让父亲操碎了心，让母亲担惊受怕、长吁短叹！然而，我的额头上还是显现出神的光辉，我看到的一切仍旧美丽和生机勃勃。即便并非总以虔诚的形式出现，天使、奇迹和童话还是时不时地结伴在我的梦境和脑海中来来回回。

如果一个人热爱自己的童年，并且还能时不时地回味那段时光，能从身上掸去尘土，无忧无虑地再次沉浸在童年的荒野中，再次聆听泉水的细语和云朵的吟唱，看到阳光和煦地洒在大地上，万物都被美好童话的芬芳簇拥着，那他就没有完全失去童年。如果我们都能更频繁地重回童年那条小径，更紧地抓住那条把我们与童年、与力量的源泉连接

✎ 对童年回忆的描写，表达出一种再也回不到童年的唏嘘！

在一起的金色纽带，那我们所有人都将变得更加富有、强大和美好。

从童年时代开始，我的回忆中就充斥着新开垦过的农田的气味，以及森林那萌动的新绿。每个春日，突如其来的回忆总是迫使我再次想起，那些我已经逐渐淡忘和未能理解的时光。<u>就是现在我也想着它，如果有可能，我会试着讲述它。</u>

> 引出下文，开始有头有尾地讲述那件童年逸事。

卧室里的窗户已经关上，我半睡半醒地躺在黑暗中，听着我的小弟弟在我身旁发出沉稳而均匀的呼吸。我再次感到诧异，虽然我闭着眼，眼前却不是漆黑一片，我能看到丰富的色彩。先是紫罗兰色和暗红色的光圈变得越来越大，然后消融在黑暗中，又在黑暗中不断由内向外像泉水一样涌出来，每一个光圈外面都镶着一道窄窄的黄边。我倾听那风声，来自山间的风温热地、懒洋洋地撞过来，有时软软地在高大的白杨树上掀起一阵细碎的涟漪(lián yī)，有时又重重地靠在屋顶上，令它发出嘎吱嘎吱的呻吟。我不太开心，不明白为什么孩子们晚上不能熬夜，不能出去玩，至少应该允许他们守在窗边啊。我想起某个夜晚，母亲忘记关上窗户。

那天我半夜醒来，蹑手蹑脚地下床，心惊胆战地走到窗边，窗外亮得出奇，完全不是我想象的漆黑一片。但一切都是灰蒙蒙的，悲伤的，模模糊糊的。巨大的云朵在天空中呜咽，黛色的群山如同汹涌的波涛，惊慌失措地拼命逃离步步逼近的不幸。白杨耷拉着，看上去像呆滞的、不再动弹的死物。庭院里的景致没有变化：长椅、井边家畜们的饮水槽，还有一棵小栗子树，但就连它们都显得有点儿阴沉和萎靡。

我坐在窗前，看向外面那变得苍白无趣的世界，不知坐了多久。附近的一只动物突然开始如泣如诉地悲鸣，可能是一只狗，也可能是一只羊或者一头小牛。也许它刚醒来，在黑暗中感到恐惧。恐惧也攫(jué)住了我，于是我逃回房间的小床上，不确定自己该不该因为恐惧而哭泣。结果还没来得及哭泣，我就睡着了。

✎ 此处写出了小孩子天马行空的想象。

现在万物都神秘地潜伏在外，像一个谜团般藏在紧闭的窗户后面。如果能再次眺望，该多么美好而危险啊！我又一次在想象中描绘着那些阴沉的树木，那疲倦而模糊的光线，缄默的庭院，与云朵一起逃开的群山，天空中惨淡的纹路以及灰蒙蒙的远方露出的苍白的、笼罩在微光中的公路。场景中会偷偷溜进一个披着黑色大斗篷的盗贼，或是一个杀人犯，也可能是一个疯子，他来回跑着，被黑夜恐吓，被野兽追赶。也可能是一个跟我一样大的男孩，迷路了，或者离家出走，或者被抢了，也可能是个孤儿。即使他很勇敢，也可能被离他最近的夜鬼杀死，或被野狼叼走。也许强盗会把他带到森林里，于是他自己也会变成一个强盗，得到一把剑、一把双管手枪、一顶大帽子和一双高筒骑士靴。

我离这幻想出来的场景只有一步之遥，只差一次无意识的放纵，我就能到达梦之国，就可以亲眼看到、亲手触到我想象的一切。但现在它们都还只是记忆，是念头，是我的幻想。

我没有睡着，父母的卧室中出现了淡红色的亮光，它从我房门的锁孔中溜进来，微弱地颤抖着驱走了房间里的黑暗，一下子给模模糊糊亮起来的衣柜画上一个有棱角的黄色斑点。于是我知道，爸爸要进屋睡觉了。我小心翼翼地听着他穿着长袜在房间里走来走去，紧接着就响起他刻意压低的深沉嗓音。他和母亲在说话。

"孩子们都睡了吗？"我听见他问。

"是啊，早就睡了。"母亲说。我有点羞愧，因为我现在还醒着。有一阵儿他俩都没出声，但灯还亮着。我觉得他们沉默了很长时间，因为我的眼皮都打架了，母亲才又开始说话。

"你打听到布罗西的情况了吗？"

"我已经去看过他了，"父亲说，"今天晚上去的。真让人心疼啊！"

✏ 父母的对话，就像一个钩子，勾起了下文"我"对童年伙伴的回忆。

"真有那么糟？"

"糟糕极了。瞧着吧，等春天一到，他可能就熬不住了，这是个糟糕的季节。<u>我是说，他已经是个将死之人了。</u>"

"你怎么想？"母亲说，"要不要让儿子们去看望他？这样可能会让他好受些。"

"随你吧，"父亲说，"但我认为没那个必要。那么小的孩子，懂什么呢？"

"那睡吧。"

"好的，晚安。"

父母房间里的灯熄灭了，空气停止了颤动，地板和衣柜门重新暗下来。我即将闭眼时，又看见了镶着黄边的紫罗兰色和暗红色的光圈，它们变得越来越大。

当父母睡去，一切都归于寂静后，我那不安的灵魂突然在夜里躁动起来。虽然我刚才并没有完全听懂，但是父母的那番话无疑像一颗被扔进池塘的果子，现在池水已经被激起了阵阵微澜，让我的灵魂因焦虑、好奇而战栗。

我已经不太记得父母口中的布罗西了，最多是有一点模糊的印象，往事几乎已经烧成灰烬。现在他又蹦出来，连他的名字我都不太记得了，关于他的记忆却缓缓挣扎着浮现出来，构成一幅生动的画

✏️ 为后文做铺垫，激起读者的好奇心。

面。一开始我只记得，我过去常常听到这个名字，自己也常常唤他。然后我想起了秋天里的一天，有人送了我一些苹果，此人正是布罗西的父亲，于是我重新想起了一切。开始我是带着欣喜回想的，后面却渐渐变得难过——也许是因为我感到羞愧，我居然这么久都没有想起过他。

眼前浮现了一个漂亮的小男孩，他比我大一岁，比我矮，他叫布罗西。大概在一年之前，他们一家成了我们的邻居，这个男孩成了我的玩伴。我想不起我们的友谊是怎么开始的，那段记忆就像被放在了一个离我无限远的、无法丈量的空间里，抓不住也摸不到。我渐渐看清了他的脸：他戴着一顶针织的蓝色羊毛帽，上面还有两个奇怪的角，他的包里总是装着苹果或切片面包。当我们觉得无聊的时候，他总能想出一个鬼主意、一个游戏或是一个好点子。即便在工作日，他也穿着一件背心，为此我非常羡慕他。以前我从不相信他身上有力气，直到有一次，他揍了村子里铁匠家的巴兹勒，因为巴兹勒嘲笑他长角的帽子（那顶帽子是他母亲织给他的），揍得可真狠，以至于有段时间我有点儿害怕他，但仅仅是有点儿，毕竟他只比我大不到一岁。他有一只特别听话的乌鸦，乌鸦因为在秋天吃了太多小土豆，被撑死了，我们把它埋在村里的草场

✎ 从这些描写中，可以看出布罗西是个重视亲情、善良的孩子。

上。它的棺材是一个盒子，盒子太小了，盖子一直盖不严，我像牧师一样为它念了一段悼词。当布罗西开始哭的时候，我的小弟弟忍不住笑出了声，于是布罗西揍了他，我也揍了他，这个小不点儿号啕起来，我们四散跑开。后来布罗西的妈妈来我家道歉，还邀请我们第二天下午去她家喝咖啡，吃酵母甜面包，说现在面包已经放在炉子里烤着了。第二天喝咖啡的时候，布罗西给我们讲了一个故事，他从来没机会把这个故事讲完，每次都是讲到一半又得从头开始。尽管我从来记不住这个故事的情节，但每当我回忆起这事，都忍俊不禁。

这只是记忆的开始。我一时间想起很多事，这些事都发生在夏天和秋天，也就是布罗西和我一起玩的时候。从那之后，他再也没有出现，我也几乎忘记了所有的往事，但现在它们从四面八方向我涌来，就像在冬天抛出一把谷子，鸟群如同一团乌云，蜂拥而上。

我想起那个灿烂的秋日，达赫特尔鲍尔养的红隼从棚屋里挣脱了。它被剪过的翅膀重新长了出来，黄铜脚链也被磨穿了，于是它得以逃出狭窄又黑暗的棚屋。现在它安静地栖在屋子对面的一棵苹果树上，有十多个人站在屋前的街道上，抬头看向那只隼。他们交谈着，七嘴八舌地出着主意。布罗

小型猛禽，翅膀狭长而尖，视力敏锐，抓取猎物时速度极快。

西和我，同其他孩子一起挤在大人中间，忧心忡忡地望着那只隼，看着它悠然自得又十分警惕地睥睨(pì nì)着众生。

"它不会再回来了。"一个人喊道。但是雇农戈特洛普说："要是它还能飞的话，早就飞过山峰和峡谷了。"那只隼在空中扇动了好几次翅膀，但并没有松开抓住树杈的爪子，我们激动得跳脚。我不知道我是希望人们抓住它，还是更希望它成功逃脱。最后戈特洛普搬来一架梯子，达赫特尔鲍尔自己爬了上去，伸出手去抓他的隼。于是那只隼松开爪子，开始更用力地扑腾翅膀。我们这些孩子心跳得怦怦响，连呼吸都变得困难了；我们像着了魔一样盯着那只正在扇动翅膀的美丽大鸟，接着那个精彩的时刻到来了。红隼向着天空做了几次冲击，它发现自己还能飞，便缓缓绕着大圈盘旋着，终于飞入碧蓝如洗的天空，直至变得像云雀一样小，最终消失在无际的空中。当人群都散去以后，我们还站在那儿，伸着脖子望向上方，在整个天空中搜寻着。这时，布罗西突然兴奋地高高跃起，朝那只隼消失的地方喊着："飞吧，飞吧，现在你又自由了！"

我不禁想到了邻居的车棚。下大雨的时候，我们一起蹲在黑乎乎的棚子里，听暴雨噼里啪啦地

> 睥睨：指眼睛斜着看，表示傲视或厌恶。

黑塞

打在棚顶，看雨水在院子里的地面上汇聚成小溪、河流和湖泊，它们奔流着、交叉着，不断变换着形状。有一次，当我们蹲在那儿倾听雨声的时候，布罗西开口说道："哎，如果洪水来了，我们怎么办呢？所有村庄都被淹了，水都漫到森林里去了。"我们设想一切可能发生的情况，在院子里观察四周，听着大雨瓢泼而下，想象远处波涛和洋流的怒吼。我说："我们必须用五六根木头做成筏子，它可以载起我们两个。"但是布罗西对我喊道："那你爸妈和我爸妈呢，猫和你的小弟弟呢？你不带上他们吗？"其实我在情急之下根本没想到这些，只能硬着头皮撒谎说："我想的是他们都已经淹死了。"他却若有所思，随即悲伤起来，好像那种场面已经在他脑海中变得清晰无比，于是他说："我们现在玩点别的吧。"

以前，当布罗西那只苦命的乌鸦还活着，到处蹦蹦跳跳的时候，有一次我们把它带到我们的花园小屋里，放在横梁上，它不敢下来，只好在上面走来走去。我把食指伸过去逗它："这儿，雅各布，咬啊！"它就冲过来啄我的手。虽然也不是很痛，但我被惹火了，想打它两下来惩罚它。结果布罗西抱住了我，把我抱得紧紧的，直到那乌鸦因为害怕而从横梁上飞下来，逃到外面去了。"放开我，"我喊

✏️ 可以再次看出，布罗西是个重视亲情、心地善良的孩子。烘托出后文他悲惨的结局是多么让人痛心。

道,"它咬了我。"然后我就和他扭打在了一起。

"是你自己跟它说:'雅各布,咬啊!'"布罗西喊道。他说,那鸟儿只有他有权处置。我烦透了他那教导主任一样的做派,于是说:"那随便你吧。"但暗下决心要找机会报复那只乌鸦。

然后,布罗西走出花园准备回家,却转身叫住我,我停住脚步。他走过来对我说:"嘿,你能保证以后不再伤害雅各布吗?"因为我正在气头上,没有回答他。作为交换,他答应给我两个大苹果,我接受了这笔交易后,他才往家的方向走去。

没过多久,他爸爸的花园里第一批"雅各布苹果"成熟了。他遵守诺言,给了我两个最漂亮、最大的苹果。我有点羞愧,扭捏了一会儿,直到他说:"拿着吧,不是因为雅各布才送你的。就算没这事,我也会送你,还有一个是给你的小弟弟的。"我才收下。

又有一次,我们整个下午都在草地上蹦蹦跳跳,随后跑进了温德尔森林,那里的灌木底下长着美丽潮湿的青苔。我们筋疲力尽地坐在地上,一群苍蝇嗡嗡嗡地围着一棵蘑菇打转,各色各样的鸟儿在森林里穿梭:其中有些我们叫得出名字,但是大部分都不认识。还能听见啄木鸟笃笃笃地敲击树干。我俩觉得很是自在惬意,谁都没有开口说话,

✏️ 正是两个孩子在生活中的那些磕磕绊绊的小故事,才使记忆的轮廓变得清晰。

只有当我们其中一个有新发现时,才会指给另一个人看。树木在我们头上搭出绿色的拱顶,从树叶缝隙间漏下的阳光也成了绿色,柔柔地洒在地上。森林的地面一直延伸到远处,消失在傍晚那令人不安的棕色余晖中。森林深处传来树叶窸窣颤动、鸟儿啾啾鸣叫的声音,它们仿佛来自深邃而神秘的童话世界,掩藏着许多不为人知的故事。

布罗西跑得浑身发热,便脱掉外套,只剩下里面那件背心,然后一头躺倒在青苔上。他转过身,解开衬衣的领口。我被吓了一大跳,因为我看见他雪白的肩膀上印着一道红色的伤疤。我正准备问他这伤疤是怎么回事——我总是乐于听听别人的倒霉事,但不知怎的,我突然又不想问了,只是假装什么都没看见。无疑,布罗西用他的伤疤博得了我深深的同情,我想他一定流了很多血,一定疼得钻心吧。那一刻,我的心头对他涌起一种远比以往更强烈的柔情,但我只是沉默不语,只字不提。又过了一会儿,我们一起走出森林回了家。我从房间里翻出我最好的球形轴,它是雇农用一个支架的主干部分帮我做的,我下楼把它送给了布罗西。他说这个小玩意儿挺有意思,但又不愿意接受这件礼物,甚至把手背到身后,我只好把球形轴硬塞到他兜里。

✎ 这里伤疤第一次出现,"我"的反应是同情布罗西,后来伤疤第二次出现时,"我"的反应是彻底崩溃。借由两次出现的伤疤以及我的反应,写出了"我"对布罗西感情的变化。

黑塞

　　这些往事一件接一件地浮现在我脑海中。我想起小溪另一边的冷杉林。有一次我和布罗西一起跨过小溪，因为我们听说林子里有鹿出没。我们踏进那片广阔的森林，踏上直插云霄的高大冷杉树之间的褐色林地，走了很远，却一只鹿也没看见，只看到裸露的杉树树根，以及散落其间的巨大的岩石块，上面零零散散地长着一小丛一小丛的浅色青苔，就像小小的绿色标记。我想剥下一块青苔看看，它比一只手掌大不了多少。但布罗西阻止了我："别，别动它！"我问他为什么，他解释道："这些青苔，是天使经过森林时留下的脚印；天使走到哪儿，哪儿的石头上就会马上长出这样的青苔。"这激起了我的好奇心，我痴痴地等在那儿，期待有位天使经过，就这样把找鹿的事忘得干干净净。我们站在那儿，留神倾听。整个森林一片寂静，凉风习习，斑驳的阳光在棕色的地面上跳动，远处笔直的杉树干像一面红色的柱墙聚在一起，蓝色的天空从杉树密实的黑色树冠罅(xià)隙(xì)中显露出来。我俩既害怕又期待，害怕这里有危险发生，毕竟除了我俩，再没有半个人影；又期待天使从天而降。又等了一会儿，我俩才沉默着快步离开，不知道走过多少石头和杉树，才走出森林。当我们穿过小溪，重新回到草地上时，恋恋不舍地朝着对岸望了

✎ 把青苔想象成天使的脚印，展现了一种童趣。

▭ 缝隙。

17

好几眼，才飞快地走回家去。

　　有一次，我和布罗西吵了起来，但很快就和好了。那时已快入冬，有人说布罗西病了，问我要不要去看他。我去过一两次，他总躺在床上，几乎不说话。尽管他妈妈递给我半个橙子，我还是感到害怕，又有点儿无聊，后来就再没去过了。我要么和弟弟玩，要么和罗勒斯尼克或者女孩们玩。就这样过了很长一段时间。下雪了，落了又化，化了又落；小溪冻住了，又消融了，溪水和泥土混合在一起，变得浑浊，衬得溪中半化的白雪更白了；后来涨水了，一只淹死的母猪从上游顺流而下，一同被冲下来的还有好多木材；中间又有一批小鸡出生了，其中三只先后死去；我的小弟弟病了，又好了；人们在谷仓里打了谷子，坐在屋子里纺纱，又一次犁了田。而布罗西错过了所有这一切，他离我越来越远，直至从我的生活中消失，被我遗忘——直到现在，直到今晚，红色的灯光从锁孔里穿射进来，我听见父亲对母亲说："等春天一到，他可能就熬不住了。"

　　一时间，我心中五味杂陈，在纷至沓来的回忆中睡去。关于我那消失已久的记忆，我想，也许它第二天就会被忙碌的生活所冲散、淹没，再也不会如此鲜活地回来了，再也不会让我觉得如此美好。

这段描写，意在表达布罗西生了很长时间的病，也表示这么长时间，"我"都没有去看望布罗西。

黑　塞

但第二天吃早餐的时候，母亲就问我："你还记得总是和你们一起玩的那个布罗西吗？"

我连忙喊："记得。"母亲继续用她好听的声音问道："等开春，你知道的吧，你们俩就该一起去上小学了。他比你还大一岁，但是现在他病得很重，可能没办法再去上学了。你想去看看他吗？"

她的态度如此严肃，让我立刻想起昨晚父亲说的话。我感到一阵害怕，但又怀揣着一丝好奇。照父亲的说法，他已经是个将死之人了，这让我感到不能言说的恐惧和惊异。

我回答"是的"，母亲再次提醒我："你要知道，他现在病得很重！你不能让他陪你玩，也不能发出任何噪声。"

我恭敬地答应母亲所有的要求，从那一刻起就努力保持安静。就在当天早上，我去探望了布罗西。那栋房子无声而肃穆地立在微凉的晨光里，前面有两棵被修剪成球状的、光秃秃的栗子树。我停下脚步，在外面听着楼道里的动静，几乎想立即转身跑回家。最后我还是鼓起勇气，飞快地爬过了三级红色的石头阶梯，穿过半开着的门，一边走一边环顾四周，然后敲响里面的一道门。布罗西的母亲是一位娇小、温柔的妇人，她走出来抱住我，给了我一个吻，接着她问我："你是来看布罗西的吗？"

✏ "肃穆的房子""微凉的晨光""光秃秃的栗子树"，渲染出一种肃杀、萧索的景象。

> 这一段把"我"的恐惧、紧张、尴尬描写得淋漓尽致。

片刻之后，她牵着我的手，站在二楼的白色房门前。在我眼中，这双把我引向黑暗中看不清轮廓的怪物的手，不是天使的手，而是魔鬼的手。我的心恐惧地跳动着，警铃大作。我踟蹰(chí chú)不前，甚至想往后退，那妇人只好拽住我，最后几乎是拉着我进去的。这是一间宽敞、明亮又舒适的卧室，我尴尬而惊恐地站在门边，看向那张浅色的床，直到那妇人把我带到床边。这时布罗西转向了我们。

我专注地看向他的脸，那是一张窄长而瘦削的脸，不过我并没在他的脸上看到死亡的阴影，反而是看到了一层柔和的光彩。他眼神温顺，有些我看不懂的东西在里面。他的样子让我想起那天我们久久地站在寂静的冷杉林里侧耳倾听的情景，那时的我恐惧又好奇，屏气凝神地想捕捉到天使从我旁边轻轻走过的痕迹。

布罗西高兴地点了点头，还热情地把手递给我。他的手滚烫、干燥、消瘦。他母亲轻轻地抚摸了他，朝我点点头，就走出了房间。我独自站在他高高的小床前看着他，我俩都没有说话。

"嗨，你还是老样子。"布罗西先开口。

我回答道："是啊，你呢？"

他说："是你母亲让你来的？"

我点点头。

黑 塞

　　他疲倦地把头重新靠在枕头上。我完全不知道该说什么，只好咬着帽子上的流苏，看着他。他也看着我，直到因为疼痛闭上眼睛。

　　他把身体向床边移了一点儿，衬衣开了一道缝隙，于是我猛地看见他衬衣纽扣下面露出的一点红色的痕迹，是他肩膀上的那道疤。一看见它，我不禁号啕大哭。

　　"嘿，你这是怎么了？"他马上问我。

　　我哭得说不出话，用粗硬的帽子擦去脸上的泪水，把脸擦得生疼。

　　"说啊，你为什么哭？"

　　"因为你病得这么重。"我这才说道，但这并不是真正的原因。只不过是因为我心中突然涌起一阵强烈的温柔和同情，就像我曾经体会过的那样。它像波浪一样汹涌而至，除了放声号啕，我别无选择。

　　"没那么糟。"布罗西说。

　　"你会很快好起来吗？"

　　"会的。也许吧。"

　　"到底什么时候好呢？"

　　"不知道，要很长的时间。"

　　不久，他就睡着了。我等了一会儿，就走出了房间，沿着楼梯下楼。到家后，我很庆幸母亲没有

✏️ 伤疤第二次出现，让"我"想起过去和布罗西的情谊，但是现在布罗西却生病在床，"我"只好难过得号啕大哭。

细问我当天的情形。她看出我神色异常，猜出我可能经历了一些事，就安慰性地摸了摸我的头发，点点头，什么也没说。

但是那天，我还是像发了疯似的，尽情发泄情绪。我找小弟弟吵架，惹火了厨房里的女佣，还跑到湿漉漉的田野里游荡，最后脏兮兮地回家。我肯定做了这些蠢事，因为我清楚地记得，晚上母亲温柔而严肃地注视着我——她可能是想以这种方式，无声地提醒我今天我干了什么。我明白她的意思，也感到后悔。她看出我的悔意后，做了件不同寻常的事。她从床边的架子上拿出一个装满土的破陶盆，里面插着一颗黑乎乎的球形植物根，上面长着一些尖尖的、浅绿色的、鲜嫩的小叶子。这是一株风信子。她把它递给我，对我说道："好好照顾它，现在我把它交给你，它以后会开出一朵大红花。你悉心看护它，别摸它，也别拿着它到处走，每天要给它浇两次水。如果你忘了，我会提醒你的。等它开花的时候，你就可以把它摘下来送给布罗西，他会开心的。你记住了吗？"

她把我抱到床上，我满怀豪情地想着那朵花，觉得照顾它对我来说是一项光荣而重要的任务。但第二天早上我就忘记浇水了，母亲提醒了我。"送给布罗西的那盆花怎么样了？"她问我，结果后来

✎ "我"的一系列异常，表示"我"正在担心朋友的健康。

这句话她不得不重复好多次。其实家中的房间和花园里有更大更漂亮的花，父母也曾指给我看过。但只有这株小花，占据我全部的心思。我每天用心地照料它，从它还是个球根的时候，就观察它的长势，盼着它开花。

那段日子，小花长势不好，看上去蔫蔫的，好像生病了。我开始很难过，后来就失去了耐心。母亲劝慰我说："看吧，这盆花就像病重的布罗西一样，亟须身边的人爱护它、关心它。"

我听懂了话里的含义，它完全扭转了我的想法。我觉得这株小小的、努力求生的植物和生病的布罗西之间有一种秘而不宣的联系。我坚信，当风信子艳丽盛开的时候，我的小伙伴也会恢复健康。如果它挺不过来的话，他也会死去。假若它因我照顾不周而死，那我也得对布罗西的死负责。想到这里，我越发小心翼翼地、满怀期待地照顾这株植物。我深信，它体内藏着不同寻常的、只有我知道的且由我赋予的魔力。

探望过布罗西后的三四天里，那棵植物瘦弱得可怜——于是我又去了邻居家。布罗西需要静养，由于没办法搭话，我只好站在床边看着他。他仰着脸，在白色的床单上显得柔和而温暖。他时不时地短暂地睁开眼睛，然后又闭上，但更多时候是躺在

✏ 这盆花，在"我"这里，就象征着布罗西，"我"对花的细心呵护，表现了"我"希望朋友能够恢复健康。

那儿，一动也不动。一个聪明、年长的旁观者或许已经察觉，小布罗西的灵魂躁动不安，它渴望升入天堂。但我，只是对寂静无声的小房间感到恐惧。这时，布罗西的妈妈走进来，她和气地带着我轻手轻脚地走出了房间。

再次去看布罗西的时候，我的心情轻松了不少。因为家中的风信子重新焕发生机，它长出了喜人的、尖尖的小叶子。这次去看布罗西，他的精神也不错。

"你还记得雅各布活着的时候吗？"他问我。

我们一起回忆那只乌鸦，说起和它有关的故事，模仿它会说的那三个单词。我们还热切地谈起一只灰红相间的鹦鹉，它因迷路闯进我家。我谈兴大发，开始东拉西扯，但布罗西不一会儿就累了，我竟然有一刻完全忘记他还病着。我给他讲那只鹦鹉的故事，那也是我家传奇故事的一部分。故事的高光时刻是这样的：一个老雇工看见这只漂亮的鸟儿坐在屋顶上，便马上搭梯子，想捉住它。当他爬上屋顶，小心翼翼地接近这只鹦鹉时，它说话了："你好啊，亲爱的！"于是雇工脱下帽子回答："请原谅，刚才我差点以为你是鸟呢。"

我讲完以后还以为布罗西会哈哈大笑，他却没有这样做，我不解地看着他。他只是稳重地发自内

✏️ 风信子象征着布罗西，风信子长势喜人的时候，"我"的心情就轻松，布罗西的健康情况看上去就不错。

心地微笑着，脸颊要比以前红润一些，还是什么都没说，也没有放声大笑。

我突然觉得他比我成熟。我的快乐在那一瞬间消失了，取而代之的是迷惑和不安。我感觉我们之间多了一些陌生的东西，不再像以前那样亲密无间。

房间里有一只过冬的苍蝇，嗡嗡地飞着，我问他我该不该去捉。

"不用，让它飞吧。"布罗西说。

这话在我听来，像出自成年人之口。我垂头丧气地离开了。

在冬春之交神秘而氤氲(yīn yūn)的氛围下，我走在回家的路上，内心第一次涌现一种复杂的感受，直到数年以后，在我的童年快要结束时，这种感受才又一次出现。

我无法确切地说出那是种怎样的感受，但我记得，和煦的风从我身上拂过，农田边垒起潮湿的深色土块，一条条的田埂闪烁着光泽，空气中飘荡着一股特别的热乎乎的气息。我还记得，我原想哼一首小曲，最终放弃了，因为心头萦绕着一种压抑感，只好沉默。

这段从布罗西家走回我家的记忆，于我而言，奇特又深刻。我已经很难想起具体的细节，但当我

> 这一段描写非常细腻，布罗西是"微笑"而非"大笑"，"我"的"迷惑"和"不安"，都营造了一种回天无力的凄凉感。

▫ 指云气朦朦胧胧的样子。

静下心来，闭上眼睛努力回想，我是说再次用孩童的眼睛去看这片土地时——就会发现它是上帝的创造和馈赠，是微微灼热的梦境中不可触碰的美丽，这种美是我们成年之后，只能从大艺术家、大诗人的作品中汲取的东西。回忆如此鲜活，在它身上体会到的东西，远比我后来在无数次长途旅行中体会到的要多得多。

光秃秃的果树伸出它们盘曲斜逸的树枝，在纤细的顶端抽出红棕色的、被树脂半裹着的嫩芽，风从上面吹过，云从上方飘过，地面上裸露的泥土被初春即将来临的躁动鼓舞着。春意席卷了一条被雨浇透的沟渠，一条细细的浑浊的小溪流过街道，小溪上还漂浮着掉落的梨树叶和褐色的木块，每片树叶、每个木块都是一叶小舟，飞驰着，然后搁浅了，体悟着这一路的欢乐与痛楚，体味着变化多端的命运，而我也同样如此。

突然，一只深色的鸟儿飞进我的视野，它在空中翻了个跟头，然后跌跌撞撞地扑腾着翅膀，猛地发出一声响彻云霄的啼鸣，接着一飞冲天，我的心也随之狂跳不已。

一匹马拉着空荡荡的马车摇摇晃晃而来，发出嘎吱嘎吱的声响，瞬间吸引了我的目光。我盯着它，直到健壮的陌生马匹消失在下一个拐角。这惊

✏️ 由情及景，此处将"我"经由布罗西之事产生的感悟，投射到了"我"看见的景观上。

鸿一瞥，激起我无限的想象。

这是我记忆中的小小一个或两三个场景，谁会苛求一个孩子在一个钟头或更长点的时间内，细数他所有从石头、植物、飞鸟、微风、色彩和阴影中获得的快乐和激情呢？更何况这些经历，很快就被他抛在脑后。再说这些细枝末节，难道不会潜移默化地影响他的命运，甚至改变接下来的岁月吗？

天边出现一抹特别的云彩，屋子里、花园外或森林中的一丝细微响动，一只蝴蝶或者一股稍纵即逝的气味都搅动着我整个童年如云团般的记忆。它们并不清晰，也并非彼此独立，却承载着往事动人的芬芳。我和每块石头、每只飞鸟、每条小溪之间都存在着一种内在的血脉联系，我竭尽全力地保留这份联系的余温。

在这期间，我的风信子又打起了精神，它向高处伸展着叶片，一天比一天更强壮。我终于等到那一天，在它的小叶片中间出现一个圆形的淡红色的花骨朵，它慢慢长大，裂开，展露出它艳红的、略微卷曲的花瓣，边缘上有点泛白。我已经忘记我是怎样小心翼翼而满心欢喜地把它带到邻居家，骄傲地送给布罗西的了。但我清楚地记得，病着的布罗西浅浅地笑着，看了它一次又一次。

接着是晴朗的一天。深色的农田里，庄稼已经

✐ "我"看到风信子打起精神时满心欢喜，写出了"我"期待朋友早日康复的急切心情。

冒出绿尖儿，云朵被镶上金边，湿漉漉的街道上、院子里和广场上的水塘里都倒映着温柔而干净的天空。布罗西的小床被搬到离窗户更近的地方，红色的风信子在窗台上盛放。他被稍稍扶起，靠在枕头上。跟往常相比，他的话多了不少。温暖的阳光俏皮地照在他修剪过的金发上，闪着光，把他的耳朵都照得红彤彤的。我很开心地想，他应该很快就能完全康复了。他的母亲坐在我们旁边，当她觉得我们聊得差不多的时候，递给我一个雪梨，然后送我回家。在她家楼梯上，我对着雪梨一口咬下去，软软的，像蜜一样甜，汁水顺着我的下巴滴下来，滴到我的手上。最后雪梨被我啃得干干净净，果核被我扔到空中，划出一道高高的弧线，落到路边的田野里。

第二天一直在下雨，我只好待在家里，洗干净双手，捧着圣经绘本阅读。我在里面找到很多新宠，最爱的有《天堂里的狮子》《以利泽的骆驼》和《芦苇丛中的小摩西》。第三天雨下得更大，我开始有点儿烦躁了。整个上午，我都在望着窗外的栗子树发呆，听着大雨噼里啪啦地落在院子里，接着我把我的小游戏玩了个遍，快到傍晚时，又和弟弟吵架。还是老样子：我们互相挑衅，直到那个小不点儿朝我骂了一句难听的话，我打了他，他哭着

> 把阳光拟人化，"俏皮地"照耀在布罗西的头发上，烘托出布罗西的状态让"我"很开心。

跑过卧室、门洞、厨房，跨上台阶来到妈妈的房间，扑到她怀里告状。妈妈叹着气，把我支走了。等爸爸回家的时候，他又把这事复述一遍，爸爸教训了我，警告我以后不许打弟弟，才把我抱到床上。我躺在那儿，感到说不出的难过，流了一会儿眼泪，就睡着了。

当我再次来到布罗西的卧室，可能已经是第四天早上。他母亲始终把手指放在嘴边，用眼神提醒我不要说话。布罗西闭着眼睛，躺在床上轻轻叹气。我不安地看向他，他脸色格外苍白，脸因为疼痛微微扭曲着。当她母亲拉过我的手放在他手里时，他睁开眼睛，沉默地看了我一会儿。他的眼睛大得异常，看我的眼神既陌生又奇怪，就像是从很远的地方看过来的，就像他根本不认识我，对我出现在这里感到很奇怪，而且他好像在思考其他事情，比我重要得多的事情。没过多久，在他母亲的提醒下，我轻手轻脚地离开了。

当天下午，当他母亲应他的请求，给他讲故事的时候，他陷入疲倦的酣眠，一直睡到傍晚。与此同时，他虚弱的心跳越来越慢，直到最后完全停止。

晚上我睡觉时，母亲已经知道这个消息，但到第二天早上喝完牛奶后，她才告诉我。一整天，

✎ "我"突然烦躁，预示着"我"已经感觉到布罗西再也不会好起来了。

我像梦游似的走来走去，幻想着布罗西已经飞入天堂，变成天使。我不知道他肩上有着伤疤的瘦小身体是否还躺在家里，因为我一直没有听到任何关于葬礼的消息。

很长一段时间，我的思绪还停留在那个时刻，直到已故者的影子渐行渐远、消失殆尽。那年的春天，来得很早，猝不及防。群山披上了黄绿相间的外衣，花园中散发着新鲜植物的味道。栗子树上，花苞争相绽放，柔软的花瓣小心地打着卷儿。所有的沟渠中，金凤花粗壮的茎上都开出金黄色的花朵，它们欢笑着迎接这个春天。

✏️ 最后一段对春天的描写，表示朋友虽然不在了，但"我"与朋友相处的岁月，如当初那个春天一样美好，会永远留在"我"的回忆中。

阅读小助手

本文通过"我"展开了一段对童年的回忆，展现了童年时光的无忧无虑、天真烂漫。但美好的时光常常也伴随着病痛、死亡带来的忧伤，面对这些人生的无常，我们应坦然应对，怀揣着勇气和希望继续前行。

黑塞

藤椅的童话

刘彦妤/译

一幢孤零零的复式阁楼里住着一个年轻人。他想成为一个画家,但是要实现这个梦想还得克服些困难。他长时间安静地待在阁楼里,习惯于坐在一面小镜子前画自画像,一坐就是好几个小时。他已经画完一整本画册,对其中的几幅作品甚是满意。

"因为我并没有受过绘画方面的专业训练,"他自言自语道,"这张已经算得上相当成功了。看,鼻子旁边的这根线条多有趣啊!看得出来,我还有点儿与思想家类似的气质呢。我只需要把嘴角稍稍向下拉一点儿,就能更好地把忧郁的气质表达出来。"

但是当他过段时间再去观察自己的画作时,就常常不再喜欢它们了。这虽然令人沮丧,但他认为,这是因为他取得了进步,而且始终在对自己提出更高的要求。

阁楼的居住环境,以及房间里坐卧起居的陈设,虽说不上理想,看上去也不温馨,但还不算糟

✏ 开门见山,直截了当地点明了故事的主题。

✎ 年轻人渴望成功，但当未来仍然虚无缥缈时，他只能通过别人的成功故事来幻想自己的未来。

糕。他和大多数人一样，不太在意这些东西。

<u>当他再次觉得自画像没画好时，他就会去读书，尤其爱读那些和他一样，开始时一贫如洗又寂寂无闻的年轻人，后来靠自己的努力名扬天下的故事，他觉得那是自己的未来。</u>

有一天，他有点颓唐地在家里读书，读的是一位著名荷兰画家的故事。他读到，这人被一股真正的热情驱使着，发狂般渴望着成为一名优秀的画家。年轻人觉得，他和这位荷兰画家有一些相似之处。但是继续读下去，他发现他们还是不太一样。比如说，他读到，在无法外出作画的恶劣天气里，荷兰画家会坚定不移地、充满激情地画出他看到的哪怕是最细微、最不起眼的东西。有一次，他画了一双旧木屐，还有一次，他画了一把倾斜的椅子，一把粗糙的、没怎么加工过的农家厨房椅。椅腿是用极寻常的木头做的，座位用麦秆编织而成，磨损严重，破破烂烂的。平时肯定不会有人多看这把椅子一眼，但现在这位画家用巨大的爱意和诚意，极尽热情地去描绘它，最终使这幅画成为他最美的作品之一。书的作者还对这把画中的麦秆椅用上了各种溢美之词。

年轻人读到这儿停下来思索了片刻，他觉得自己必须做些新尝试。他立刻决定——他可是个当机立断的年轻人——效仿这位大师，试试这条曾把一个人变成伟人的路他是否走得通。

于是，他环顾自己狭小的阁楼，这才发现他平时从未好好观察过屋子里的陈设。这里并没有歪歪扭扭的用麦秆编成座位的椅子，也没有木屐，为此有一瞬间，他有点儿失望和泄气。这状态对他来说并不稀奇，当失去通过阅读伟人传记得来的勇气时，他常常会陷入低落的情绪中。因为他发现，那些在伟人的人生中起到重要作用的小事、物品或者暗示，那些奇妙的机缘，在他这里都是缺席的，他等待着它们出现，却不过是徒劳而已。但他不一会儿就振作起来，他明白，自己现在的任务是继续坚持这条通向荣誉的荆棘之路。他打量着小房间里所有的物件，终于发现一把可以作为模特出现在画中的藤椅。

> 年轻人误认为伟人的成功在于因缘际会。

他伸脚把这把椅子钩过来一点儿，削尖画笔，把速写本放到膝盖上，开始作画。先是用几根线条轻轻勾勒出椅子的大致形状，再唰唰几笔把它们清晰地连接起来，最后用一些粗线条强调椅子的轮廓。角落里暗黑的、三角状的阴影吸引了他，他用力地描绘着，就这么一直画下去，直到作画的冲动稍稍减弱为止。

他继续画了一小会儿，然后停下来，将速写

本拿到稍远的地方，用审视的目光打量着自己的画作。他看出，自己用力过猛了。

他暴躁地添上一根新的线条，眼睛愤怒地盯着那把椅子。画得不对，这让他气不打一处来。

"你这藤椅就是个撒旦，"他大吼着，"我还从没见过像你这样喜怒无常的畜生呢！"

> 《圣经》中魔鬼的名字。

藤椅发出咔啦的响动，毫不在意地说："没错，看看我吧！我就是这个样子，变不了了。"

年轻人用脚尖踢了它一下，藤椅向后退去，看上去和刚才完全不同了。

"你这个笨蛋椅子，"年轻人喊道，"你看你，全是歪歪扭扭的。"——藤椅温柔地笑着说："这叫作透视，少爷。"

年轻人跳了起来。"透视！"他怒吼道，"捣蛋鬼，你现在扮起老师来了！透视不透视是我的事，与你无关，你给我记住了！"

于是椅子不再说话。年轻人在屋里上蹿下跳好几次，直到楼下的住户气愤地用拐杖敲响他的地板以示不满。楼下住着一位老学究，忍受不了一点儿噪声。

他坐下来，再次拿出之前创作的自画像，还是不能令他满意。他觉得自己实际上要帅气得多，有趣得多，这才是真相。

> 年轻人自命不凡的形象跃然纸上。

黑塞

  他继续读书,但是书里面还有更多关于那把荷兰麦秆椅的描述,这让他生气。他觉得,那些关于椅子的描写全是败笔,令人难以忍受……
  年轻人找出他的画家帽,决定出去走走。他想起,很久之前的某次,他已经察觉到画画无法让他满足,相反只会给他带来痛苦和折磨,毕竟就连世上最好的画家在作画时也只是流于表面。对于热爱深度和内涵的人来说,画家并不是最终的理想职业。像之前的很多次一样,他再次认真考虑起早年的梦想——成为一名作家。阁楼里的藤椅已经被他抛于脑后。它感到很遗憾,因为它的少爷已经离它远去,它原本还期盼着与年轻人建立起一段友谊呢!它很乐意时不时开口说上两句,因为它知道,自己也许可以教给这个年轻人一些有用的东西,可惜,到头来还是白费力气啊!

✎ 作者借此反讽年轻人的三分钟热度和流于表面。

35

> **阅读小助手**
>
> 　　文中的阁楼，是年轻人奋斗的场所，也是困住他的牢笼。阁楼太高，反而不够接地气，脱离现实，一切的奋斗就像是空中楼阁，浮于表面。
>
> 　　故事中，年轻人对自身认识不足，心高气傲，又自大自恋。就学习大画家的事情来说，他以为别人的成功是源于拥有一把好椅子，殊不知真正的成功，是那些大画家们能够沉下心来，悉心观察，打磨自己的画技而促成的。
>
> 　　这则故事告诉我们，做任何一件事情都必须戒骄戒躁，全心地投入热情和诚意，才可能有所成就。

黑塞

幸　福

刘彦妤/译

只要还在追求幸福，
你就还未领悟幸福的秘诀，
即使你已拥有最可爱的一切。

只要还在抱怨失去，
还在孜孜不倦地奔向目标，
你就还未知晓安宁的意义。

只有当你绝欲断念，
不再渴求也不再追逐，
不再用名称去定义幸福，
尘世的洪水才不会再扰动你的心灵，
你的灵魂才能安歇。

✎ 当你被世俗的标准所困时，幸福势必会离你远去。

独　自

刘彦妤/译

这世上有数不清的大街小巷，
但终点全都相同。

你可以骑马，也可以乘车，
不管是三人同行，
还是两人结伴，
最后的一步，
都只能独自迈出。

因此，学会独自完成所有艰难的事，
就是最有用的知识与技能。

> 黑塞的诗总是充满哲理，令人沉思。这里"最后的一步"到底指的是什么呢？或许每个人心中都有不同的答案。

黑 塞

白 云

刘彦妤/译

噢，瞧，它们又在那儿飘，
像轻柔的曲调，
像被遗忘的美丽歌谣，
在蓝色的空中游荡！

若非在漫长的旅途中，
经历过游子的所有甘苦，
又怎能懂得云朵的悲欢。

我爱这些白色的、蓬松的云朵，
像太阳，像海洋，又像风，
因为他们对离家的游子，
就如同姐妹和天使般陪伴。

借景抒情——写的是云，其实表达的是人的情感。

幸福的时刻

刘彦妤/译

草莓在花园中闪光，
我嗅到它们甜蜜而美满的芳香。
我得等，
等我的母亲待会儿穿过绿色的花园。
我仿佛还是个孩子，
站在梦境般的世界里。
我搞砸的，错过的，浪费的，失去的一切，
都躺在静静的花园里。
我面前是纷繁的世界，
一切都被赐予我，
一切都属于我，
我恍恍惚惚地一动不动，
一步都不敢迈，
生怕吹散了花园的芬芳，
生怕惊走这难得的美好时光。

> ✏ 诗人表达了对童年的回忆和遗憾。时光飞逝，过去的一切都已在此沉睡。

黑塞

满树的花

刘彦妤/译

桃树上开满了花，
不是每朵花都能结果。
它们绚烂如玫瑰泡沫，
映照着碧空如洗，白云如絮。

思绪如花朵般起伏，
每日百转千回。
就让它开吧！顺其自然！
不问收获！

得给游戏和纯真以空间，
得让繁花肆意盛开，
不然天地显得太过狭隘，
生活又哪有乐趣可言。

✏ 花朵虽然绚烂绽放，但并非每朵花都能结果，就像人生中的努力和付出并不一定能带来预期的收获。

✏ 放宽心态，享受当下，不要过于焦虑结果，而是注重人生的过程和内心的愉悦。

○ 作家档案

中文名：汉姆生

外文名：Knut Hamsun

国　籍：挪威

出生日期：1859年8月4日

逝世日期：1952年2月19日

认识作者

　　汉姆生，小说家、戏剧家和诗人。生于贫苦农民家庭，当过鞋匠学徒，后两度流落美国。1890年他发表带自传性质的小说《饥饿》，自称是"对自己挨饿时期的回忆"，这部作品的抒情文体对欧洲一些作家影响很大，使汉姆生在挪威文学界获得巨大声誉。汉姆生曾有过一些支持纳粹极端思想的言论，还被挪威政府告上过国际法庭，谴责他对纳粹提供的精神支持。但国际社会对其在文学方面的成就是认可的。

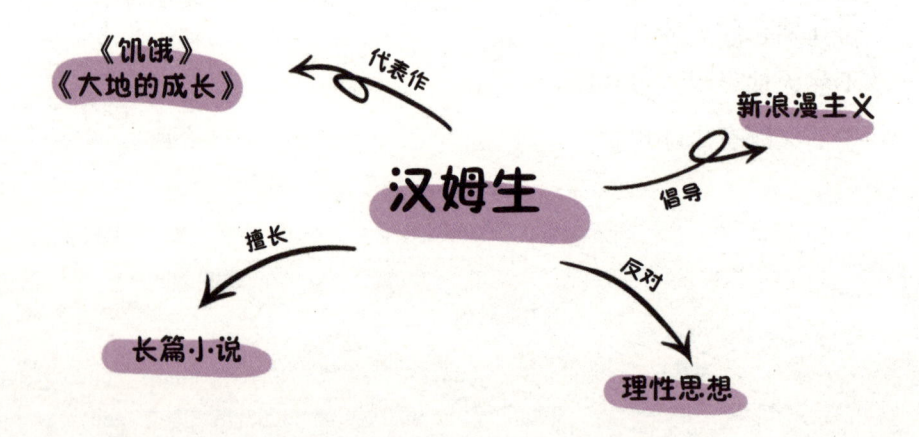

《饥饿》《大地的成长》 ←代表作— 汉姆生 —倡导→ 新浪漫主义

汉姆生 —擅长→ 长篇小说

汉姆生 —反对→ 理性思想

1920 年诺贝尔文学奖

获奖理由：
为了他划时代的巨著《大地的成长》。

创作风格

汉姆生以其真实而直接的叙事风格、对人性的探索以及对自然和社会的关注而为人所熟知。

他深受尼采的极端个人主义的影响，主张回归自然，反对欧洲的现代文明。在描述自然景观时，他经常运用强烈的意象，来突出自然、环境对人类命运的影响。他的作品风格鲜明，常以有力的笔触清晰地展现事物的真实，以简洁而充满力量的语言传达人物的情感和心理状态。

作文素材

时间可以治愈一切；吐一口唾沫，抖一下肩膀，吃一餐饭，睡个好觉，就连最悲恸的苦楚都可以忘掉。《大地的成长》

好事必然不留痕迹，但罪恶往往会受到报复。《大地的成长》

大草原

李秋宜/译

1887年夏天，我在美国红河谷的达尔朗普尔农场干活，和我共事的还有两个挪威人，一个瑞典人，十到十二个爱尔兰人和几个美国人。农场很大，光我干活的这一小块地就有二十个人力，而这只是这家农场几百个劳动力的一小部分而已。

草原绿色鎏金，像大海般一望无际。除了我们自己的马厩和草原中央的工棚，看不到任何建筑。放眼望去，没有树，没有灌木，只有小麦和牧草。也没有花，只是偶尔在小麦丛中，能瞥见一些野生芥菜的黄色穗子，这便是草原上唯一的花。可是就连这点花，我们也要赶尽杀绝，通常把它们连根拔起，带回家，晒干烧掉。

天空中没有鸟儿飞翔，只有风吹麦浪，和数不清的蚱蜢在无休止地歌唱——大草原上唯一的声音。除此之外，毫无生机。

我们渴望阴凉处。每当中午炊事车驶来，大家都蹲在车下面吃饭，这样就能免于太阳直晒。阳光毒辣，我们只戴了帽子，穿了汗衫、裤子和鞋，别

✎ 大草原虽然广袤无边，但也单调乏味，交代了"我"的工作环境。

汉姆生

的什么也没穿，但也不能再脱掉任何一件，那会让我们被晒死的。如果汗衫上有个破洞，劳作时，阳光就会穿透它，在皮肤上晒出水泡。

农忙时节，我们每天工作长达十六个小时。十台切割机排成一排，轰隆隆地收割麦子。一块地收割平整后，再转战下一块，无休无止。十个人跟在收割机后面，将割倒的麦子堆叠起来。工头骑在马上，监督我们，口袋里别着一把左轮手枪。他有两匹马，轮换着骑，每天都能将两匹马累得筋疲力尽。一旦发生状况，比如某台机器坏了，工头会立即赶到现场，排故修理，或者下令把机器送修。有时事发地离他很远，麦田里又没有路，他不得不全天骑马，穿过层层的麦地，一天下来，马都累得汗流浃背。

眼看九、十月份已经过去，白天依旧酷暑难耐，夜晚却变得寒冷刺骨。我们经常被冻僵，也没有足够的睡眠时间，凌晨三点天还没亮就被叫醒。喂饱马，吃过饭后，我们要骑着马走很长的路，才能抵达劳作的田地。此时，天已经亮了，当天的工作任务就摆在眼前。通常我们先点燃一把干草，加热机器润滑油。这样至少我们还能取个暖，但也就几分钟，因为润滑油加热后必须及时滴进机器里。

我们没有双休日，周末和周一是一样的。只有

🖉 由这段可以看出，大草原上的工作很辛苦，还体现了工人们被无情地压榨和剥削。

下雨无事可做时，我们才有机会躺在床上休息，或者打牌闲聊，或者补觉。

有一个爱尔兰人，一开始就吸引了我的注意力：难以想象前世他是什么样的人。下雨天，他总是躺在铺位上看随身携带的小说。他高大英俊，大概三十六岁，说着一口流利的英语，还会说德语。

这个人来到农场时穿着真丝衬衫，事实上他总是穿着真丝衬衫工作。穿坏了一件，再拿一件新的。他不像个劳工，不够结实，还有点儿笨拙，怎么看都是个与众不同的家伙。

他叫埃文斯。

还有两个挪威人，他们没有什么特别之处。其中一个来自哈德兰，因无法忍受辛苦的劳作，半路逃跑了。另一个坚持下来了，就是后文会说到的来自瓦尔勒斯的那位。

脱粒时，我们都想远离蒸汽机，因为滚滚沙尘和谷壳会从这台机器的每一个角落和叶片里不断喷涌而出。有那么几天，我一直处在这场沙尘暴的中心，毫无办法的我只得请求工头把我调到别的地方。他同意了，把我调到一个绝佳的岗位，就是让我在田地边把成捆的粮食装上马车。他能这么爽快答应，是看在我俩之前有点交情的分上。

事情是这样的：

✎ 埃文斯是个与众不同的人，这不仅引起了"我"的好奇，也引起了读者的好奇。

汉姆生

<u>我有一件制服夹克，上面钉着闪亮的纽扣，这是我在芝加哥做电车售票员时穿的制服。工头看上了这件夹克。对于花里胡哨的东西，他都好奇得像个孩子。然而在大草原上，哪有什么时髦的玩意儿？于是我把夹克送给他，他提出要付钱，让我开价。我说送给他了，不用付钱。工头说他欠我一个人情。</u>收割工作结束后，他见我没有夹克穿，也送给了我一件质量上乘的夹克。

我记得我做这件被称为"捆绑投手"的工作时，还有一个插曲。

和我搭档的是个瑞典人，他穿着一双大靴子，裤腿塞在靴筒里。他负责将成捆的小麦堆在一起，干活速度惊人。我为了配合他，也加快速度，马不停蹄地给他递捆好的小麦。想不到，他越来越快，我也只好越来越快。

每一堆小麦由八捆组成，以往我是一次扔一捆，而现在，我一次扔四捆，成功地把瑞典人淹没在小麦堆里。结果，没想到其中一捆小麦里居然藏了一条蛇，它呲溜滑进瑞典人的大靴子里。只听一声惨叫，瑞典人咻的一下，从货架上跳下来，手提一只靴子，上面挂着一条花斑蛇。好在它并不咬人，一落地，就从靴子里迅速钻了出来，闪电般消失在田地里。等我们拿着干草叉去追，它已经不

✎ 这里可以看出，"我"是一个大方、愿意成人之美的人，为后文"我"肯借钱给埃文斯做了铺垫。

47

见了踪影，只有两头拉车的骡子，站在那里瑟瑟发抖。

直到现在，我仿佛还能听到瑞典人的惨叫，看到他从马车上跳下来时的仓皇模样。

这个小插曲之后，我们达成共识，他放慢速度，我一次只给他递一捆小麦……

就这样，我们犁地、播种、割草、晒干、收割、脱粒——终于劳作结束，可以领取报酬了。口袋里有了钱，心情也轻松了。我们一行二十多人，漫步到离大草原最近的城镇上，准备搭火车回东部。工头也来了，给我们送行，他穿着那件纽扣闪闪发亮的夹克。

没参加过农场劳工告别聚会的人，很难想象这种场合人们到底能喝多少酒。每人喝一轮，至少喝上二十杯酒。如果你认为喝一轮就结束，那就大错特错。因为我们中的一些人，一次性就要求喝上五轮。上帝保佑那些劝我们不要再喝的酒肆老板吧！如果他真这么做，可能会被扔出去，喝到兴头上的劳工怎会允许别人挡道呢？第五杯酒下肚后，我们就醉得一塌糊涂，放飞自我，认为自己是大草原的主人，拥有着对大草原绝对的统治权。当地警察也无能为力，甚至会加入我们，一起喝一杯。这种狂欢通常会持续两天两夜，喝酒、赌博、斗殴和

✎ 前面写到工头配枪监督工人，原以为是个刻薄之人；此刻来送行，还穿着"我"送的夹克，说明人性都是复杂的，不能以偏概全。

汉姆生

喧哗。

　　工友们本身都很友善，只是在漫长的夏日劳作里，很少显现出来。现在离别在即，新仇旧恨一笔勾销。大家互相敬酒，敞开心胸地喝，直到不能再喝了，就紧紧拥抱在一起。厨子是个驼背的小矮子，嗓音很尖，没留胡子。他打着嗝向我吐露心声，说他也是挪威人，早先没提是因为美国佬看不起挪威人。他经常在吃饭的时候，听到我和那个从瓦尔勒斯来的挪威人说他的坏话。他能听懂我们说的每个字，不过现在一切都烟消云散，大家都是朋友。他于1845年7月22日出生在爱荷华州，祖上是某个历史悠久的挪威家族。只要我们还会说挪威语，我们就是好朋友、好伙伴。厨子和我互相拥抱，友谊地久天长。所有劳工都互相拥抱，我们用强壮有力的胳膊把对方紧紧抱在怀里，一起跳舞。

　　大家互相问："你还想喝什么？都没有好酒了！"然后自己到吧台后面找最好的酒。我们从顶层的架子上抓下几瓶奇怪的酒，瓶子上贴着漂亮的标签。这些酒主要是用来展示的，并不售卖。但我们不管这些，凡是好朋友，都互相请喝最好的酒，为此每人又多花了一大笔钱。

　　埃文斯可能是最惨的，他的最后一件真丝衬衫现在不堪入目。每天的风吹日晒，早已把鲜艳的

✎ 工人们虽不善言辞，但内心却充满感情。对他们来说，大家在一起喝酒就是表达感情的最好方式。

49

衬衫磨得暗淡无光，袖子也被磨破。但埃文斯站在那里，豪气万丈，狂妄地要求继续上酒，仿佛酒肆是他的，甚至全世界都是他的。我们其他人买酒，每一轮花费三美元；但是埃文斯要买双倍的酒，付双倍的钱。在这个前不着村后不着店的地方，除了酒，没什么能让他和朋友们寻欢作乐的东西。所以我们不得不从上层的架子上搜寻奇怪的瓶子，找些像样的酒……

> 这里写出了埃文斯豪爽的性格。

友善的埃文斯把我拉到一边，试图劝说我和他一起去威斯康星州的森林过冬，一起去砍柴。他还说他已经给自己准备好了一些新衬衫、一条裤子和几本新小说。他要在威斯康星待到春天，春天一来，他就动身去大草原，这就是他的生活。十二年来，他一直在大草原和森林间奔波，早已习惯了。

但是当我问起是什么驱使他开始这样生活时，他并没有像一个醉酒人常做的那样，讲一个关于误入歧途的、打动人心的长故事，而是无可奈何地说了句："环境所迫"。

"怎么说？"我问。

"就是环境所迫！"他重复一遍，就不再接茬了。

> 简单的四个字，却表现出了生活不易。

晚上晚些时候，我在酒吧的偏厅里看到他和一群人掷(tóu)骰子。他喝得烂醉如泥，虽然输了不少钱，

50

但他毫不在乎。我进去时，他还给我看了看他剩下的钱，说：

"我还有钱，看这里。"

有人让他退出，那是他的同胞，一个叫奥布赖恩的爱尔兰人。他提醒埃文斯应该用这笔钱买火车票，埃文斯却大为光火。

指发怒，恼怒。

"不，你借我火车票钱。"他说。

奥布赖恩断然拒绝，离开了。

埃文斯被彻底激怒，他把所有的钱都押在掷骰子上，结果全输光了。他平静地接受了这个结果，点了一支雪茄，笑着对我说：

大家在生活中应谨记：赌博害人害己，请远离赌博。

"你能借我点儿路费吗？"

这时，我喝完最后一口从上层架子上拿的，装在漂亮瓶子里的酒，已经有点儿糊涂。我解开夹克扣子，把钱包和所有的钱都给了埃文斯。我这样做是为了向他证明，我愿意借他路费，需要多少他可以自己拿。埃文斯看了看我，又看了看钱包，闪过一丝奇怪的表情。他打开钱包，看到里面装着我的全部家当，又转头看我，我只是点了点头。

他误会了，以为这些钱他可以随便用。

"谢谢你！"埃文斯说。

他开始用我的钱赌博，把我吓得够呛。

我的第一个念头就是阻止他，但我忍住了。我想，先让他尽情把买车票的钱花了吧；等他输得太多，我就把剩下的钱要回来。

但是埃文斯没有再输钱。他像突然清醒了一样，出手果断又迅速。在同伴面前，他恢复了昔日的自信，挺直身子，一言不发地坐在威士忌桶上，下注，赢钱。如果输了，下一次他就加倍投注。结果他连输三局，每次都加倍下注，直到最后一次才又赢了。然后他将五美元都投进去，说如果这轮赢了，就不玩儿了。

但他输了。

于是又继续。

> 这说明埃文斯其实是个诚实、聪明的人。

一小时之后，他把钱包还给了我，里面分文不少。原来，这期间他一直计算着金额。现在他自己也有一沓厚厚的钞票，他全部下注，房间里传来一阵窃窃私语。

埃文斯说：

"不管输赢，这是最后一把。"

结果他赢了。

埃文斯站了起来。

"请把奖金给我。"埃文斯说。

"明天吧，"庄家回答，"今晚没带钱，我明天给你。"

"好吧，那就明天……"

52

汉姆生

　　我们正要离开的时候，一群人进来了，抬着一具残缺不全的尸体。是那个爱尔兰人奥布赖恩，他刚刚拒绝借钱给埃文斯买火车票，不幸的是，他一出门，走入暗夜中，就被一辆运送小麦的火车碾过。他的两条腿被生生轧断，其中一条腿只残留大腿。人已经死了，尸体被放在地板上，盖了起来。

　　大家各自找了个地方睡觉，有的躺在地板上，我和瓦尔勒斯人在城里找了个干草棚。

　　早上，埃文斯走在街上。

　　"你从庄家那里拿到钱了吗？"瓦尔勒斯人问。

　　"还没有，"埃文斯回答，"我要去地里挖个坑，把同乡给埋了。"

　　我们在一栋房子外找到一个箱子，当作棺材，把奥布赖恩埋在城外。因为身体遭到碾压，一个盒子对他来说空间足够了。没有吟唱，也没有祈祷，但是每个人都来了，脱帽默哀。

　　葬礼就这样草草结束了……

　　等到埃文斯去取钱时，那个庄家已经偷偷摸摸离开了。埃文斯坦然接受，就像接受其他一切坏事一样。他丝毫没放在心上，反正他还有很多钱，足够买车票，以及衬衫、裤子和小说这些他过冬的必需品。

　　我们一直在城里待到第二天晚上，像第一天

✏ 从葬礼的潦草，能看出当时底层人民的生命像草芥一样，不禁让人感到悲哀。

✏ 从埃文斯的态度能看出他的情绪稳定，由侧面反映出他遭遇的不平事之多，而他已习以为常。生活的捶打，让人释然。

一样，我们在酒吧里喝到天昏地暗。许多工友离开时，已经身无分文，连火车票也买不起，只好偷偷潜入货仓，藏在小麦堆里。但那个来自爱荷华州的挪威人，就是那个驼背的矮厨子，这招不管用。他钻到小麦下面，一开始侥幸没被发现，但是他喝得烂醉如泥，怎么可能保持安静？他引吭高歌，声音一如既往地尖锐，很快被人发现，被赶了出去。不可思议的是，当他们把那个小矮个儿身上所有的口袋翻个遍，竟然发现他的钱足够为我们所有人买票，这个倒霉催的！

我们四散而去，那个来自瓦尔勒斯的挪威人在明尼苏达州的一个小镇上给自己买了一处小射击场，厨子则向西去了太平洋沿岸。可以肯定的是，埃文斯仍然穿着他的真丝衬衫四处游荡，挥霍钱财。每年夏天他都在大草原上收割小麦，每年冬天他都在威斯康星州的森林里砍伐木材，这就是他的生活。

跟其他人的生活一样美好。

✎ 生活虽苦，但仍有美好的事情值得期待。

汉姆生

> **阅读小助手**
>
> 　　作者通过对大草原上工人生活的描写，写出了穷苦人民生存的艰难，但他们能够苦中作乐，彼此关怀，又表现了一种对艰难生活的反抗精神，以及由此滋生的乐观向上的态度。
>
> 　　其中，埃文斯这个人的形象最为突出。一开始他看书，一直穿真丝衬衫，一派与众不同的作风，后来他大方请客、借钱豪赌、埋葬老乡，又表现出对钱财淡泊的态度，一个有血有肉、有情有义的形象跃然纸上。

山里人家的圣诞节

李秋宜/译

> 开篇就交代了主人公一家的生活环境，看得出这家人家境贫困。

那年圣诞节下了很多雪，山上的小房子几乎被雪淹没，只露出屋顶和两根梁柱。实际上，它只是一个小棚屋，却住着一家人。他们饲养着一头牛、一只绵羊和一只羊羔。春夏秋冬，自给自足。

男主人名叫托尔，他的妻子叫基尔斯蒂，夫妻俩有五个孩子。其中，迪米安费尽周折去了美国，卡尔迪亚则在山下的村里干活，其他三个孩子分别是儿子里纳德斯、迪德里克和女儿托梅莱娜，大家都管托梅莱娜叫莱娜。

如前文所述，圣诞节雪下得很大，老托尔铲了一整天的雪，筋疲力尽。回到家后，为了圣诞节，他读完祈祷书，才叼着烟斗躺在床上休息。基尔斯蒂在房间里走来走去，忙着生火做饭。

"今晚喂牲口了吗？"托尔问。

"当然，已经喂过了。"妻子回答。

托尔继续抽了一会儿烟，然后笑着说："喂，老婆子，你这一天在那儿忙着煮什么呢？炸的是什么呀？我真是不理解，你从哪儿弄的这些东西。"

汉姆生

他笑的时候，胡子都跟着颤动。

"哦，我可比你以为的要富足多了。"基尔斯蒂笑着回应他的调侃。

✎ 还能互相调侃，这样的人，无论如何艰难，都能把日子过下去。

晚餐时小酌一杯，是他们家的传统。里纳德斯负责将杯子倒满酒。当他用小手举起雕刻着大玫瑰花的玻璃酒瓶时，所有人的目光都集中在他身上。这是他人生极庄严的时刻。

"当你给长辈斟酒时，要左手握酒瓶，"托尔对他说，"你已经长大了，该学习正确的做事方式了。"

于是里纳德斯换左手拿着玫瑰酒瓶。可以看出，他格外认真，头歪向一边，紧张地直吐舌头，看着让人怪难受的。

✎ 一系列的小动作，表现出小孩子的紧张和可爱。

晚餐吃的也不是日常食物，有松饼和糖浆，每人还有一个鸡蛋。圣诞节的缘故，所以松饼还配了黄油。托尔大声朗读了一段福音书。

✎ 圣诞节是西方重要的节日，晚餐却只有这点食物，从侧面烘托出这家人日子清贫。

显然，小迪德里克把日子弄混了。饭后，他离开餐桌时，握住爸爸妈妈的手，感谢他们给予食物。托尔什么都没说，等小迪德里克把话说完，才开口道：

"你今天还不用感谢我们给予你食物，迪德里克，虽然你的话并没有什么不对。记住，这感谢的话是要到新年前夜再说的。"

57

> 小孩子很怕在其他孩子面前出丑，觉得很丢脸。

兄弟姐妹们不由得嘲笑他，这让迪德里克羞愧得快哭了，恨不得找个地缝钻进去。

托尔又叼着烟斗躺在床上，伸了个懒腰，妻子则负责饭后打扫。

"有人居然拿我们下雪的事开玩笑。"她说。

"还没下完呢，"托尔回答，"月亮上有一圈月晕，喜鹊贴地低飞。"

"那么我想，明天是不可能去教堂了！"

"哦，上帝保佑！关于明天的天气，一看你就没看历法书。"

"有什么征兆呢？"

"比一出生就没有腿的小牛好不了多少，我甚至不敢告诉你。"

"不会吧，有那么糟吗？"基尔斯蒂惊呼。

"把我的眼镜拿来，里纳德斯，"托尔继续说，"小心，别掉地上。"他又一次研究起历法书上关于天气的征兆，"你自己看，"托尔对妻子说，"就像我说的一样。"

"耶稣基督，上帝保佑我们所有人！"基尔斯蒂说着，双手合十，"那就是明天天气会很差，是吗？"

"毫无疑问，天气很糟糕，但也不算什么。如果你真想看征兆，就看看2月5日的那个，就是那个

汉姆生

长着两只角的反基督者。"

"耶稣基督,上帝保佑我们!还有远在美国的迪米安!"

在这之后,小房间里安静了一会儿。外面开始刮风,雪也被吹起来。孩子们叽叽喳喳,开始自娱自乐,家猫来回踱步,任人抚摸。

✏️ 营造了温馨和睦的家庭氛围——外面寒风猎猎,屋内却其乐融融。

"我真的真的很好奇,国王在圣诞前夜吃的是什么呢?"迪德里克突然蹦出一句话。

"哈,我敢打赌,一定是一团团的纯黄油和甜甜的蛋糕。"小莱娜叫道,她才八岁,没见过什么更好的东西。

"想象一下,有蛋糕!还有黄油!"迪德里克说,"我想国王自己就能喝掉一整瓶玫瑰酒瓶的酒。"

里纳德斯在这几个孩子里年纪最大,他的百科全书也读得最多。听到这话,他哈哈大笑起来:

"就一瓶?哈哈,国王至少得喝二十瓶吧。"

"二十瓶?"

"至少二十瓶。"

"别傻了,里纳德斯!国王喝的酒不可能超过两瓶。"母亲在厨房灶台边说。

后来托尔也加入进来。"你们在胡说些什么呢?"他说,"你以为国王会像我们一样喝普通的

59

> 挪威货币。

> 又名星期日学校，在周日为工厂做工的青少年免费提供宗教教育和识字教育。

劣质酒吗？我来告诉你，国王喝什么。国王喝的是一种叫香槟的美酒，一瓶大约要五六克朗，这是根据英国的价格来定的。国王早上起床第一件事，和晚上睡觉前最后一件事，就是喝这种酒，只喝香槟，不喝别的。每次他一饮而尽，就把杯子扔到墙上摔成碎片，然后对公主说：'离远点儿！'"

"但是看在上帝的分上，他为什么要打碎玻璃杯呢？"基尔斯蒂问。

"哈哈，这算哪门子问题？你觉得作为国王，能忍受日复一日地用同一个杯子喝酒吗？"

空气仿佛静止了。

"我在好奇你怎么知道的，托尔。"妻子平静地说，"我真是想不明白你是从哪儿知道的。"

"好吧，我年轻的时候也上过主日学校，好吗！"托尔回答，"而且，我那个年代，在神职人员手下干活可没那么容易，你得知道每天哪些话该说，哪些话不该说。"

然后托尔站起来，把烟斗放在一边，问烟丝在哪里。其实他很清楚在哪里，因为上次他从商店回来，就把烟丝藏在床尾了。尽管如此，他还是问了一句，这让房间安静下来。而后托尔拿出烟丝，分成三等份，用三角形的纸包起来。接着他戴上帽子，孩子们都围在他身边，恳求和他一起出门，因

汉姆生

为他们知道托尔要去做什么。于是最后只剩基尔斯蒂一人在家了。

托尔和孩子们在雪地里深一脚浅一脚地来到谷仓,在那里点燃烟丝。四周雪花飞舞,托尔做出祈祷手势,打开谷仓门。进去后,他在胸前画了个十字。谷仓里一片漆黑,除了听到奶牛在吃草,没有任何动静。托尔点燃一个火把,将三包烟叶点着,分别给奶牛、母羊和小羊羔取暖。孩子们只是惊奇地看着,没人说话。而后托尔又画了个十字,带着孩子们离开了。小莱娜因为抚摸小羊羔而落在后面,托尔叫她快点跟上。就这样,孩子们跟着父亲返回家。

"外面天气太糟了,"托尔说,"大雪封山。"

他躺回床上,等咖啡煮好后才起身。孩子们在桌子上玩自己的小玩具,他们的声音越来越激动,一点儿小事就能让他们哈哈大笑。托尔隔着桌板对妻子说:

"我一直在想,我应该……你们这群孩子太吵了,我都听不到自己在讲什么了。我一直在想,或许我可以尝试别的工作。"他说。

基尔斯蒂给他倒了杯咖啡。

"上帝保佑,"她回答,"也许我可以去山下的村子里做些脱粒的工作。"

✏ 几句对话,凸显了这一家人生活拮据。

61

"当然，一定有事情可做……快来喝你的咖啡吧！"

托尔喝完咖啡后，又点燃烟斗。他把妻子拉到门口，低声对她说着什么。孩子们拼命想听清楚他们在说什么，于是莱娜便把她的小脑袋伸到两人中间，随即遭到爸妈的一顿臭骂，一旁的两个哥哥幸灾乐祸：

"莱娜活该！"

但是小莱娜那么温柔可爱，哥哥们又怎么忍心欺负她呢？很快，里纳德斯就送给她一颗锃亮的大纽扣。这微不足道的礼物，让莱娜喜笑颜开。

父亲走到壁橱前，从里面拿出一个包裹，是迪米安从美国寄来的一条毛皮围巾，用黑色的软皮镶边，上面还有流苏。迪米安一定是记得山里的冬天是多么的寒冷彻骨，所以寄了一条他认为最保暖的围巾回家。这可能让他花了不少钱。

现在的问题是谁该拥有这条围巾呢？托尔和妻子在这个问题上绞尽脑汁，最终决定应该将围巾给里纳德斯。他年纪最大，而且已经开始为他们去村子里跑腿了，所以需要一件御寒的衣物。

"里纳德斯，你过来一下！"托尔开口，"这条围巾是你哥哥迪米安寄来的礼物，是一条非常特别的围巾，你要珍惜它。你去村里的时候，可以戴

✏️ 一点小礼物就能博得莱娜的欢心，由此看出莱娜是个易于满足的孩子，也从侧面烘托出家里的生活太苦了，一点点微末的甜都可以让孩子开心起来。

汉姆生

上这条像样的围巾。给，你戴上试试。"

房间里迅速充斥着一片惊叹和欢呼声，那条柔软的围巾足足被端详和抚摸了半小时。小莱娜乐此不疲地用她冻得发青的小手摸着，但是她不能戴，也确实没法戴，毕竟她还太小。她也收到一份礼物，是一根蜡烛。她点燃蜡烛，然后又吹灭，因为懂事的她知道不能浪费蜡烛。只有迪德里克什么礼物都没收到，但父亲答应他，只要自己能在村里找到一份脱粒的工作，就会给他买一本新的《圣经故事》。

窗户上的雪越积越厚，有雪块顺着烟囱掉下来，直接落进火盆里。时间不早了，对于山里的人们来说，差不多该睡了，明天起床又要面对铲雪这件苦差事。

"上床睡觉吧，孩子们！我和你们一起去阁楼，"托尔说，"不要忘记祷告，然后从头顶到胸前画十字。"

孩子们一个接一个地爬上阁楼，里纳德斯小心翼翼地用纸将围巾包起来，带到阁楼；小莱娜则拿着蜡烛，跟在后面。

午夜，大家都睡了，基尔斯蒂在楼下听到阁楼上有走动的声音。她大声问："有人醒了吗？"空气里一片寂静，没有回答。过了一会儿，木板上又

✎ 此处对小莱娜的描写，可看出她对这份礼物的喜爱和羡慕，为后文她偷偷试戴这条围巾做铺垫。

传来小脚丫走动的声音。是小莱娜！她蹑手蹑脚，在黑暗中摸索着戴上那条围巾，因过于激动和紧张，她不敢随意走动！

多漂亮的围巾啊！那是山里人见过的最柔软的东西！里纳德斯视若珍宝，只在去教堂的时候戴过两次。尽管如此，随着夏天的到来，围巾开始掉毛、开裂，流苏里也生满了蛆。

阅读小助手

本文通过对一户山里人家过圣诞节的描写，展示了这家人其乐融融的温馨画面。

从文中可以看出，这家人生活窘迫，日子艰难。纵是如此，家里的每个人都能乐观向上，互相关怀，尤其是当只有一个孩子得到围巾时，其他孩子非常懂事地表示理解。这既让人心疼，也让人感动！

今天的我们，不愁吃，不愁穿，不受冻，十分幸福，但这种幸福，我们是要学会珍惜的，切不可因为来得太容易就随意糟蹋！

○ 作家档案

中 文 名：**皮兰德娄**

外 文 名：Luigi Pirandello

国　　籍：意大利

出生日期：1867年6月28日

逝世日期：1936年12月10日

认识作者

　　皮兰德娄，小说家、剧作家，生于富有的商人家庭。先后就读于巴勒莫大学和罗马大学，后入德国波恩大学攻读文学和语言学。1892年后执教于罗马高等师范学校。早期写诗，后以小说知名。一生共创作长篇小说七部，短篇小说约三百篇。

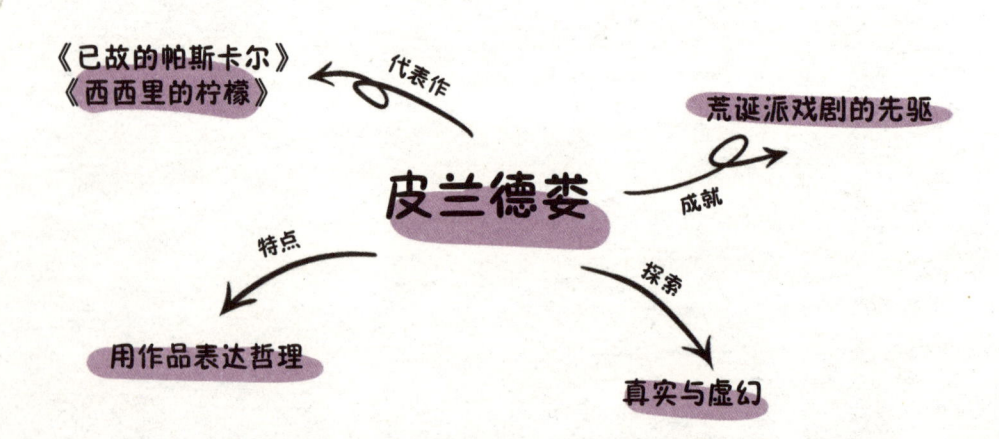

《已故的帕斯卡尔》
《西西里的柠檬》　　代表作

皮兰德娄

荒诞派戏剧的先驱　　成就

特点　　用作品表达哲理

探索　　真实与虚幻

1934年诺贝尔文学奖

获奖理由：
　　他果敢而灵巧地复兴了戏剧艺术和舞台艺术。

创作风格

　　皮兰德娄的作品非常富于哲理性，他也自认是一名富于哲理性的作家。他认为仅仅为了快感而表现人物是不够的，文学作品中还必须体现人们更深刻的精神需要。他的作品总是展现一个现代人在充满焦虑的荒诞世界里，如何寻求自己的身份地位和一线生机。他笔下的大部分角色，都是社会中最普通的人或者弱者，他们不得不借助"疯癫"来逃脱苦难。

作文素材

　　我们要点燃一盏灯，一盏信仰之灯，燃烧纯粹的灵魂之火。若没有这盏明灯，我们在这世间就会跟盲人一样。《已故的帕斯卡尔》

　　我们害怕探究自己的内心世界，因为我们很可能会发现真实的自己和我们原以为的不同，也和别人以为的不同。《格腊内拉的房子》

一 天

卿荷梦玥/译

> 悬疑片似的开头，引发读者的好奇。

深夜时分，我沉浸在梦境的深处，却被突如其来的嘈杂声唤醒。我缓缓睁开眼，发现自己被扔在一个途经的火车站。更让我震惊的是，我的随身行李毫无踪影。

我陷入惊愕，难以从中恢复过来。令人困惑的是，我身上没有任何遭受暴力的痕迹。而我本人也无法回忆起到底发生了什么，连一丝模糊的记忆都没有。

我置身这座荒废的车站，孤独无助，周围一片黑暗。我不知向谁寻求帮助，不知谁能揭开这一切的谜团，告诉我这是哪里，又发生了什么事情。

迷迷糊糊间，我隐约看见一束光从火车车门里亮起来，然后车门迅速地被关上。我怀疑我就是从这扇门里被抛下的。火车急速驶离，那道光也随之消失在车站的尽头。茫然之间，我竟未想过追赶火车，也没有想过要求工作人员做出解释，更别说控诉他们了。

但是，我在抱怨什么？

皮兰德娄

在无尽的惊愕中，我逐渐意识到，自己已经脱离那列火车的旅途。我不记得我从哪里出发，目的地是何处，离开时是否真的带着行李。我推测，我可能什么都没带。

这无尽的谜团，让我心神不安。我又想到刚刚从车门里散出来的微光，它消失得如此迅速，丝毫没有留意到我还在站台上。这么说来，难道一个人被这样扔在站台是很正常的事情？

在黑暗的笼罩下，我无法辨别站点的名字，但我十分确定自己从未到过这座城市。当黎明的第一缕曙光升起，这座城市渐渐亮了起来，可依旧清冷异常。车站前的广场宽敞开阔，一盏路灯闪烁着微弱的光芒。我向着那盏路灯迈出脚步，突然，我停住了，不敢抬起眼睛环顾四周。在这阒(qù)寂无人的站台，只有我的脚步声在回响，我害怕极了。我注视着自己的双手，观察着它们的每一个动作。我合上它们，又缓慢地张开。我摆弄着它们，试图在其中找到一丝安慰和确定的东西。我在触摸自己，感知自己，因为此时此刻，我不确定我是否真的存在，这一切又是否真实。

慢慢地，我走到城市的中心。每走一步，所看到的景象，都令我感到惊讶。我看到其他所有人，都和我如出一辙，然而他们在这座城市中自在地行

✏️ 通过对环境的描写，营造了一种神秘的氛围。

📖 形容环境安静，不嘈杂。

69

动，丝毫不在意我的突然出现，好像他们已经司空见惯。我感到十分震惊，仿佛被某种力量拖拽着前行，行动变得异常艰难。在这个城市里，我确定周围人对我没有威胁。困扰我的是，我的内心对这一切都视而不见，仿佛被什么东西牵制着。

我深刻意识到，如果我无法明确自己是怎么来的，从哪里来的，以及为何来到这座城市，那肯定是我错了，其他人一定是对的。他们不仅明白这一切，而且对发生的事情了若指掌，没有丝毫的犹疑。他们自然而然地相信自己所做的一切。如果我因为他们的外表、行为或表情而产生大笑或惊讶的表情，我肯定会引来诧异、指责甚至愤怒的目光。

我迫切地想要发现点什么，但又不想被察觉出来，于是极力掩盖自己搜寻的眼神，这种眼神大概就像猎犬搜寻猎物时露出的眼神吧。我深信，这一切都是我的过错，我的过错！因为我一无所知，又无法厘清头绪。我必须强迫自己镇定，像别人那样正常行事。尽管我缺乏对所有常规标准和实用知识的认识，包括那些看似很常见、很简单的事情，我都需要努力适应。

我十分迷茫，不知道应该选择哪个方向、哪个方位前进，也不知道应该采取何种行动。

尽管我已成年，但仍然像个孩子一样，经历

✎ "我"对正在发生的一切感到迷惑和不解，于是开始质疑自己。

皮兰德娄

尚浅。也许，在梦中，我曾经工作过，但我对具体的工作内容毫无印象。我肯定工作勤勉，且一直在工作，并为之付出过巨大的努力。不然为什么这么多人转过头来，跟我打招呼？他们一定认可了我的努力。但这些人，我完全不认识。要不是我环顾四周，发现周围没有别人，我都不确定他们是在跟我打招呼。难道他们认错了人？哦，不，我确定他们是在和我打招呼。我感到困扰和尴尬，试图忽视这一切，却又无法做到。这种场面让我局促不安，我仿佛处在一种飘浮的状态。我也不确定，是不是因为我穿着奇怪的衣服，让我感到不自在？现在我怀疑，他们是在跟这件衣服打招呼，而不是我本人。因为除了这件衣服，我身无长物。

我渴望找回自己。令我惊喜的是，在夹克胸前的口袋里，有一个皮夹子。我小心翼翼地取出，断定这不是我的，而是属于这件陌生的衣服的主人。这个皮夹子陈旧泛黄，像是被水浸泡后又被捞起。我打开它，剥开粘连的部分，翻看皮夹子的内部。在几张折叠的纸张中，我发现一张发黄的小圣像，是那种教堂里赠予孩子们的纪念品，上面还贴着一张同等大小的褪色照片。我仔细辨认。哦！是一位年轻美丽的女孩，穿着泳衣，几乎裸体，头发随风飘扬，双臂轻快地举起，仿佛在向我打招呼。我欣

> 用薄而软的皮革等做成的扁平小袋，带在身边装钱或其他小的用品。

71

赏着这张照片，产生一种异样的感觉。尽管不那么确定，但我好像看到她在风中举起的手臂是在向我致意。然而无论我怎么回忆，都想不起她是谁。难道这位美丽的女子真的不存在于我的记忆里吗？在这个被水浸泡过的皮夹子里，照片偏偏和小圣像放在一起，显然照片上的女孩是皮夹子主人的未婚妻。

我继续在不属于我的皮夹子里翻找，没有欣喜，只有不安。在一个隐秘的夹层里，我发现一张大额钞票，不知道它被遗忘在那里了多久。它被折叠了四道，破旧不堪，背面布满磨损的褶皱，还有破洞。

我一无所有，此刻我开始思考，能否借助这张钞票获得帮助。钞票上的人物肖像似乎在坚定地告诉我，它是属于我的。但是这个头发被风吹得乱七八糟的小脑袋值得我相信吗？此时，正午已过，我饥肠辘辘，无精打采，于是决定进入一家餐馆。

我万分惊讶，在这个陌生的地方，我居然受到贵宾般的热情接待。他们把我引领到一张整洁的摆好餐具的桌前，并邀请我入座，我心中的疑虑更重了。为了消除这份不安，我向餐馆老板招了招手，将他拉到一旁，给他展示那张破烂的钞票。老板震惊地仔细观察着它，告诉我，毫无疑问，这张钞票有着极高的价值，但目前市面上已经不再流通了。

✎ 指钞票上的人物。

✎ 为什么"我"会受到贵宾般的接待？一个个谜团吸引读者继续读下去。

尽管如此，老板安慰我，让我不必过于担心，像我这样的人，拿着这种钞票进入银行，银行肯定会接收，并帮我兑换成现行流通的货币。

老板一边与我说话，一边把我引到餐馆的大门口，在大门口，他手指向不远处的银行大楼。

我踏入银行，这里的每个人都愿意帮助我。他们向我解释说，这张钞票是银行中极少的几张尚未回收的钞票之一。因为银行近期只发行小额的纸币，所以他们帮我置换成同等金额的小额纸币。这些小额纸币如此之多，我身上那个幸存的皮夹子已经无法承载，这让我感到有些尴尬和窘迫。他们安慰我说不用惊慌，总有解决的办法。随后建议我开个活期账户，把钱存进银行。我装作听明白了他们的建议，把一些钞票放进衣服的口袋里，剩下的钱都存进账户。他们把存折递给我，我一并放进口袋里。

我重返餐馆，发现那里的食物并不合我的口味，我担心吃了会消化不好。尽管我没有腰缠万贯，但我富有的名声已经传开。当我离开餐馆时，我惊讶地发现一位司机正在等着我。司机一手摘下帽子，一手打开车门，邀请我上车。我不知这车要载我去何方，也不知我是如何拥有这辆车的；同样，我也不知我是如何拥有一栋老房子的。它是那样的美丽迷人，在我之前，一定有许多人住过这

✎ 财富从天而降——"我"被命运选择，而非"我"选择命运。

里，在我离开之后，又必会有更多的人继续居住其中。我无法确定这些家具和陈设是否真正属于我，我宛如一个不速之客，与它们格格不入。此刻，这座冷清的房子，跟黎明时分萧索的城市有的一比。我在寂静中缓慢移步，不敢大步行走，生怕我的脚步再次引起回响。冬天，天黑得早，寒冷和疲倦向我袭来。我踏着缓慢的步伐，鼓起勇气推开一扇房门。房间里灯光通明，眼前的景象让我大吃一惊。床上赫然躺着照片里的那位年轻女孩，她居然就这么活生生地出现在我的眼前！我还没从震惊中缓过神来，她已经像照片中那样，向我欢快地举起裸露的双臂。这一次，她不再只是静静地存在于照片中，而是向我发出邀请，邀请我走到她的身边。她满眼欢喜，欢迎我加入她的世界，分享她的喜悦。

这是梦吗？

果然是梦，当夜晚褪去，黎明来临时，床上的她已经消失无踪。她的存在，仿佛只是我的幻想。昨夜温暖如春的床铺，此刻冰凉如墓，散发着一种寂寥的气息。屋内弥漫着一股尘埃飞扬的味道，仿佛这个地方早已枯萎凋零。我感到一阵疲倦，亟须用克制规律的生活来驱赶这种疲倦。极度恐惧的我，渴望逃离这里。我坚信，这不可能是我的家，肯定是一场噩梦！然而，这个荒谬至极的梦境一直

> ✏️ 照片中的人物，居然真实存在，加重了故事的奇幻感。

困扰着我，让我深陷其中，无法自拔。为了证明这一切只是虚幻，我走向对面墙上挂着的镜子。当镜中出现一张年迈的、惊恐的脸时，我感到空前的混乱。我的眼睛，那双曾经年轻的眼睛，如今已苍老至此了吗？注视着这张脸，我无法说服自己接受这个事实。难道我已经老了吗？如此迅速地老去？这怎么可能？

突然响起的敲门声，把我吓了一跳。有人告诉我，我的孩子们来了。

孩子们？

我竟然有孩子？这个消息让我大惊失色，诚惶诚恐。我不禁思索，究竟是从什么时候开始，我成为一名父亲？大概是在我还年轻的时候吧！毕竟现在我已经老态龙钟。

他们牵着他们的孩子，走进房间，围到我身边，扶起我。他们满怀关爱地责备我不该下床，因为他们很清楚我的身体已经变得十分虚弱。他们体贴地让我坐下，以便我能缓解呼吸困难。是的，他们知道我已经站不起来了。我病得很重。

我坐在那里，观察他们，倾听他们的对话。在我看来，他们仿佛只是在我的梦中，与我开了个玩笑。

我的生命就要结束了吗？

✏️ 一生有多长？一生又有多快？一个人从出生到年老，怎样过才是圆满有意义的人生？

我凝视着我的孩子们，他们调皮地嬉笑着，突然，我看见孩子们的头上也长出一根根白发。

"你们看呀，这真的不是在和我开玩笑吗？你们现在也是一头白发。"

看着这些刚进门的小孩子，当他们走近我的扶手椅旁时，我已经心满意足了。如今又能看到他们长大成人，其中一个还长成令人称赞的小姑娘。如果不是她的父亲拉住她，她或许会欢快地扑到我的腿上，用胳膊搂住我的脖子，将小小的头颅靠在我的胸膛上。

我的内心涌起一股想要站起来的冲动，但我必须承认，我已无力动弹。我用怜爱的目光一一扫过他们，尽可能地、平等地注视到每个年轻的孩子，和每个已然老去的孩子。

阅读小助手

这是一篇超现实主义短篇小说，讲的是一个人梦幻般地来到一个陌生的国度，并且在一日之内过完了自己的一生。作者想象力丰富，篇幅虽短，但意味深长。

想象一下，如果把我们的一生浓缩在一天里，我们会有哪些际遇？我们会做什么？

○ 作家档案

中文名：**显克维奇**

外文名：Henryk Sienkiewicz

国　籍：波兰

出生日期：1846年5月5日

逝世日期：1916年11月15日

认识作者

　　显克维奇，小说家。他生于一个没落贵族家庭，1866年考入华沙大学医学系，第二年转入文学系。1876年，他以《波兰报》记者的身份前往美国，在两年时间中游历美国各地，对社会各阶层有了深刻的了解。回到波兰后，他陆续发表了多篇小说，揭露美国社会金钱至上、种族歧视和波兰移民的悲惨处境。

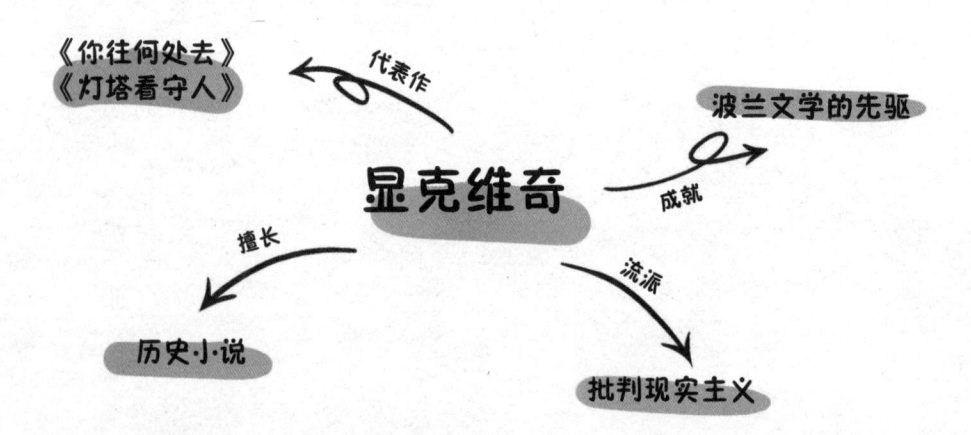

《你往何处去》
《灯塔看守人》 ← 代表作

波兰文学的先驱 ← 成就

显克维奇

擅长 → 历史小说

流派 → 批判现实主义

1905年诺贝尔文学奖

获奖理由：

由于他在历史小说写作上的卓越成就。

创作风格

显克维奇的小说情节出众，他很善于把主人公放在激烈的战争场景和戏剧冲突中，来展现人物的思想、个性和才能。他的很多作品都恰如其分地展现了波兰人民的英勇气概，他的历史小说结构宏大，又不失讽刺与幽默。

作文素材

财产、荣誉、权势不过是过眼烟云，富人有凌驾于他的更加富豪的人，显赫者在显赫于他的人面前会变得渺小，强权也会被强权征服的。《你往何处去》

远方似乎正追着光，巨浪在黑暗中奔腾咆哮到岛下，浪脊上的泡沫在灯塔的光照下，着上了一片粉色的细闪。潮水不断涌来，淹没了沙滩。海洋的神秘语言越发强大、响亮，有时如同大炮，有时又像来自广袤森林的呼唤，有时还像远处飘来的扰人的噪声。《灯塔看守人》

灯塔看守人

桑笑宇/译

一

离巴拿马城不远的阿斯平沃尔港发生了件大事，这里的灯塔看守人不见了，杳无音信。暴风雨刚平息，人们猜测，这个倒霉蛋一定是在去往礁石岛的途中被巨浪卷走了，灯塔就矗立在那座岛上。第二日，人们没找到本该停泊在石湾里的小船，猜测变得更加可信了。看守人的位子空了出来，补位迫在眉睫，因为灯塔的意义举足轻重，不仅方便本地水运，更指引了那些从纽约驶来，即将去往巴拿马城的巨轮。加勒比海密布着浅滩和暗礁，白天在水面航行就困难重重，到了夜晚，烈日炙烤过的水面时常会蒸腾起浓雾，航行几无可能。这时，灯塔就成了很多船只唯一的向导。寻找继任者的担子落到了驻扎在巴拿马城的美国领事身上，这是桩令人头疼的事。首先，必须在十二小时内找到继任者；其次，继任者必须具备吃苦耐劳的品质，因此不能是随便哪个路人甲；最后，根本没人愿意来应聘这

✎ 灯塔的重要性不言而喻，必须快速找到称职的看守人。

显克维奇

份工作。看守灯塔不是一般的艰苦，对于性格懒散、喜欢游荡的本地人来说，简直是要了他们的命。看守人就像一名囚犯。除了礼拜日，他必须寸步不离地守候在礁石岛上。每天一次，会有一艘小船从阿斯平沃尔港驶来，送来食物和水，任务完成后船夫当即离开，除此之外，这座巴掌大的岛上再无他人光顾。看守人就住在灯塔里，维护灯塔的正常运行：白天，他根据气压表上的数据，挥舞彩旗，发出信号；晚上就点亮灯塔。这本是一份轻松的差事，除了那从塔底到塔尖的四百级陡峭旋梯，看守人一天之内就得来回好几趟。简而言之，岛上生活好比修道院，可能比修道院更甚，因为是完全与世隔绝的孤寂。显而易见，艾萨克·福尔肯布里奇先生确实碰到了一桩头疼事，不知能从哪儿找来这样一位继任者。令他喜出望外的是，招聘启事发布当天就有人来应聘。应聘者是一位老人，看着七十岁左右，或许更老，但精神矍铄(jué shuò)，身材挺拔，拥有军人的气质和体魄。老人一头银发，皮肤如克里奥尔人般晒得黝黑，但眼眸湛蓝，应该不是本地人。他脸上流露出沮丧和悲伤，眼神真诚。初次见面，福尔肯布里奇就喜欢上了他。接下来是面试，两人开始对话：

"您来自哪里？"

> ✎ 交代看守人的具体工作，虽然工作轻松，但是常年与孤独为伴。

81

"我是波兰人。"

"您至今都干了什么？"

"游历四方。"

"看守人需要待在一个地方。"

"我正需要休息。"

"您参过军？有官方证明吗？"

老人从怀里掏出褪了色的丝布包裹，看着仿佛一小块旧军旗。他解开包裹，说：

"证明都在这儿。第一枚十字章是十九世纪三十年代获得的；第二枚来自卡洛斯战争；第三枚属于法国军团；第四枚则是在匈牙利得到的。之后，我来到美国作战，打南方佬，不过他们不颁发十字章，只有这张证明。"

福尔肯布里奇接过纸，读了起来。

"嗯！斯卡温斯基？这是您的姓？……喔！……在刺刀搏斗中亲手夺下两块军旗……您真是骁勇善战！"

"我会是一名称职的看守人。"

"您每天需要登上塔顶好几次。腿脚可以承受吗？"

"我曾徒步穿越纽约和加州之间的草原。"

"太棒了！您对海事了解如何？"

"我曾在一艘捕鲸船上干过三年。"

即西班牙波旁王朝内部王位继承权的争夺战，以卡洛斯派的失败而告终。

指美国南北战争，老人是北方兵，攻打南方。

显克维奇

"您做过很多工作？"

"我唯独不懂安宁。"

"为什么？"

老人耸肩，"命中如此。"

"不过，您对于我们来说年龄有些大。"

"先生，"应聘者突然抬高嗓音，"我现在身心俱疲。您也看到了，我的人生阅历丰富。我太渴望得到这份工作了。年纪大了，我需要休息！我会说服自己：你就待在这儿吧，这就是你的港湾。哦，领事先生！求求您，一切都是您说了算！我可能再也不会碰到第二份这样适合我的工作了。很幸运，我正好来到巴拿马城……我求您……行行好，我就像一艘船，如果不回到港湾，就会沉没海底……如果您愿意给我这份工作……我发誓，我会尽职尽责，我……我已经受够四海为家的生活了……"

老人的蓝色眼眸里满是恳切，福尔肯布里奇是个善良又率真的人，对老人肃然起敬。

"好的！"他说，"我决定了。您现在是看守人了。"

老人的脸庞闪耀着说不出的喜悦。

"谢谢。"

"您今天就能启程去灯塔吗？"

✎ 为了得到这份工作，老人宁愿把自己放得很低。

83

> 这句话为最后老人被辞退埋下伏笔。

"当然。"

"好的,再见!……哦对了,这份工作容不得任何失误,一旦出现失误,您会被辞退。"

"明白!"

这天傍晚,太阳在地峡的另一端落下,酷热的一天过去了,黑夜跳过黄昏直接降临,新的看守人已经就位,灯塔如从前那样将光柱射向大海。亚热带的夜晚如此安宁、静谧,大地浸透在一片亮雾之中,月亮四周也聚着一圈毛茸茸的模糊光晕。正是涨潮时分,海面上波涛汹涌。斯卡温斯基站在露台上,就在熊熊燃烧的火光旁,从海上望去他不过是一个袖珍黑点。他正试图整理思绪,适应自己的新工作。可是神经如此紧绷,根本无法正常思考。他觉得自己如同一只躲避猎杀的小动物,好不容易虎口脱险,躲进了某个偏隅或者岩穴。平静的时光终于到来,安全感令他的心灵充盈着一种说不清的喜悦。他大可以在这庇护所里无所忌惮地嘲笑从前的漂泊流浪、坎坷潦倒与一事无成。他真的就是一艘船,被暴风雨折断了桅杆,拧断了绳索,撕碎了风帆,翻滚在乌云和海底间,被海浪拍打,被泡沫淹没——但即使这样,还是苟延残喘地漂到了岸边。此刻,暴风雨的景象在他脑海中飞速移动,和即将开启的宁静未来形成鲜明对比。他把一部分经历告

显克维奇

诉了福尔肯布里奇,但那只不过是冰山一角。不幸的事情太多了,记不清有多少次,他支起帐篷,生起篝火,希望在某处就此安定,可突然一阵大风拔起帐篷钉,又吹灭篝火,他只能默默承受。此刻,从塔顶露台向下俯瞰泛着光辉的海浪,他开始回忆往昔的一切。他曾征战于世界各地——四处游历时干过不少活儿。靠着诚实、勤奋的品性,他赚过大钱,可无论怎样小心谨慎,钱财总会以意想不到的方式失去。他曾在澳洲淘过金,在非洲寻过钻石,在东印度当过官兵。他终于在加利福尼亚建立了自己的农场,但最终一切还是毁于干旱。他和巴西内陆的原始部落做生意,木筏却在亚马孙雨林深处沉入河底,手无寸铁的他近乎全裸地在雨林中穿梭了好几个月,只靠野果维生,无时无刻不面临着被野兽吃掉的危险。他曾在阿肯色州的海伦娜市开了一间铁匠铺,结果铺子同城市大火一道化为灰烬。接着,在落基山脉间他落入印第安人手中,最终奇迹般地被加拿大士兵救出。他在往来于巴伊亚和波尔多的船上当过水手,之后在捕鲸船上担任鱼叉手——两艘船最后都没了。他于哈瓦那兴办过一家雪茄厂——然而在他罹患黄热病期间,合伙人将其洗劫一空。最终他来到阿斯平沃尔港——这里将会是他人生中失败的终点。还有什么能找上他?礁

对往昔的回顾,说明老人的人生阅历丰富,同时也暗含着老人想要从四处飘荡的状态中安定下来的心情。

一种由蚊虫叮咬引起的急性传染病。

石岛上没有大水和火灾，甚至连个人影都没有。说到人，斯卡温斯基碰到的坏人并不多。他更常遇到好人。

很不巧，他接二连三地被风、火、水、土这些自然力量打倒。熟人们常说他天生命苦，还大谈其中原因。最后连他自己也变得有些迷信。他确信自己被一双带着仇怨的大手四处追踪，就连山水也无法阻隔。不过他并不喜欢谈论这些，有时人们问这双手来自何方，他只是悄然指向北极星说，来自那个方向……诚然，霉运一次次地找上他，甚至到了反常的程度，他不得不开始想法子"改命"。反正他具有印第安人的耐性，骨子里流淌着不屈的反抗精神。在匈牙利打仗时，因为不愿抓住战友扔过来救他命的马镫，他被刺刀刺中了十几下，他大叫："抱歉。"他从不放弃，从不向命运低头，像蚂蚁一样，永远在努力地向上攀爬。即使被推倒一百次，他也会义无反顾地再次启程。他是个不折不扣的怪人，是年长的士兵，经历烈火的折磨、贫穷的锻造，却仍然保有一颗单纯、虔诚的心。在古巴染上黄热病完全是因为他把本来充足的奎宁都送给了别人，没留给自己哪怕一克。

令人惊奇的是，他干过那么多的行当，却依旧对别人充满信赖，从未失去丝毫希望，他认为一

一种治疗疟疾和焦虫症的药物。

显克维奇

切都会变好。冬天，他总是满怀活力，觉得将会有大事发生。接下来一整年，他焦急地期待着和幻想着……然而，冬天一次又一次过去，斯卡温斯基只等来满头白发。最后他老了，开始力不从心，耐性也一点一点地减弱，性格从冷静逐渐变为感性，这位铜墙铁壁般的士兵变成了一位会为鸡毛蒜皮的事情落泪的弱者。另外，他时常感受到浓烈的乡愁，这往往来自一些小细节：一群麻雀或者灰燕、山间的积雪、一段记忆里的旋律……最终他只剩下一个想法：休息。这想法完全控制了老人，吞噬了他的一切渴望和愿景。经年累月漂泊的他已经无法想象，除了一个容得他休憩至生命尽头的宁静角落，世上还有什么更美好、更珍贵的东西。或许命运的曲折离奇将他抛之五湖四海，令他几乎喘不过气，于是他意识到人类最大的幸福是——停止漂泊。事实上，他值得拥有这微不足道的幸福。可能是常年忙活惯了，他不得不纳闷，自己竟然希冀如此可遇不可求的东西。他不敢相信，这会梦想成真。可是，他幸运地在十二小时内成了灯塔看守人，这份意外得到的工作，怎么都像是特意为他设置的。所以，毫不奇怪，当夜晚点亮灯塔，他仿佛坠入梦中，反复问自己，眼前是不是现实，而他竟不敢回答："是的。"好在现实还是用铁证说服了他。他

✏ 这句话为后文由一本书引发乡愁，继而让老人疏于职守，最终丢失工作做了铺垫。

87

> 大段对大海的描写，渲染了大海奔流汹涌的气势，与后文老人房间里的安静祥和形成鲜明的对比。

在露台上站了一个又一个钟头，望向远方，百感交集，最终才得以确信。别人可能还以为他是第一次看海，因为午夜十二点已至，他依然没有走下风大的塔楼——依然在望着大海。海浪在他脚下翻涌，灯镜在昏暗的夜空中播撒下巨大的圆锥光束，老人的视线消失在漆黑、神秘、茫茫的远处。远方似乎正追着光，巨浪在黑暗中奔腾咆哮到岛下，浪脊上的泡沫在灯塔的光照下，着上了一片粉色的细闪。潮水不断涌来，淹没了沙滩。海洋的神秘语言越发强大、响亮，有时如同大炮，有时又像来自广袤森林的呼唤，有时还像远处飘来的扰人噪声。间或寂静无声，在老人听来，像是轻微的喘息。然后是呜咽，继而是猛烈的大炮声。大风吹散雾气，带来乌黑的流云，流云遮蔽月亮。这风是从西面吹来，愈加强劲。海浪疯狂跃起，拍打着灯塔的外墙，泡沫濡湿灯塔的底座。远方又传来暴风雨的嗡鸣。昏暗、汹涌的海面上依稀可见的几盏绿灯，悬挂在轮船的桅杆上。那些绿点一会儿上下飘动，一会儿左右摇摆。斯卡温斯基走下灯塔，回到自己的房间。风暴持续呼啸。房间外，轮船上的人们正和浓夜、漆黑、激浪持续奋战；他的房间内却十分安静祥和。狂风的呼啸也无法穿透厚重的外墙，只能听到钟表指针转动的嘀嗒嘀嗒声，缓缓地将老人摇向梦乡。

二

　　几小时、几天、几周过去了……水手间相传，当大海怒吼时，有个声音在黑夜里呼唤他们的名字。既然无边无际的海洋如此，那么在一个人衰老后，同样也有一种遥远、神秘的声音向他呼唤；而且人愈苍老，这种声音便听得愈加真切，前提是他必须保持安静。另外，老年人喜欢离群索居，似乎是为了提前体验入土的感觉。灯塔对于斯卡温斯基来说，就是半个坟墓。没有什么比守灯塔的生活更加一成不变了。年轻人受不了这点，干一段时间就会辞职。所以，灯塔看守通常由并不年轻、性格忧郁内向的人担任。如果他离开灯塔来到人群中，那感觉就如从深梦中突然惊醒。灯塔上不存在任何琐碎、世俗生活赋予人们的情感，看守人在这里瞭望的一切，都是如此广博，如此没有行迹。天——是一个整体，海——是另一个整体，在这天海之间，唯有一颗人类的孤魂！这种生活无时无刻不让人沉思，任何事情都无法把看守人从这种沉思中唤醒，连他的工作也不行。每一天都如此雷同，就像手链上的两颗珠子并无二致，或许天气是唯一变化的事物。即便如此，斯卡温斯基感受到前所未有的幸福。晨光熹微，他起床，吃早饭，清理灯镜；

> 为后文由一本书听到的来自家乡的呼唤做铺垫。

接着，他坐在露台上，遥望大海，眼眸因所见之物而闪烁着满足的光芒。只见绿松石色的巨幕上，一张张被风吹得鼓起来的白帆，在阳光下十分炫目，令他不停眨眼；有时轮船乘着水手们所说的信风，列队成一条条凸起的长龙，从远处看，犹如一群海鸥或是信天翁。指路的红色浮标随着潮水轻柔摆动。午后，风帆间冒出缕缕灰烟，好似印第安人的羽毛头饰。从纽约驶来的蒸汽船载着观光客和货物，一路赶往阿斯平沃尔港，船尾留下一道长长的白沫。来到露台的另一边，斯卡温斯基看见忙碌的阿斯平沃尔港，虽只有手掌般大小，但船舰围聚，桅杆林立；更远处是白色建筑和塔楼。从灯塔的视角望去，房屋如同海鸥的巢，轮船仿佛甲虫，蚂蚁般的人们行走在白色的石砖大道上。每日清晨，和煦的东风会送来岸上生活的嘈杂声，夹杂着蒸汽船的汽笛声。午后是休息的时段，港口上不再忙碌；海鸥躲进岩洞，海浪减弱，慵懒地拍打着海滩，陆地、海洋、灯塔，到处是一片纯粹的宁静。浪潮涤过的沙滩闪耀着晶莹的金色斑点；塔身赫然耸立在碧空之中。阳光从天空倾泻到水面、沙滩和岩壁。这时，老人浑身充满着一种甜蜜的无力感。这惬意的时光是多么难能可贵，一想到自己可能会永远置身其间，老人便感到深深的满足！人总是能轻而易

📖 一种大型海鸟，有着超强的滑翔能力。

✏️ 多么惬意和悠然，但就是这么难能可贵的舒适和安定，也阻挡不了老人内心深处对故乡的思念。

显克维奇

举地接受好的命运，他沉醉在这幸福中，开始思考既然人类可以为残疾者建造房屋，那上帝为何不能坦然接受自己的无能？时间流逝，他愈加笃定这种想法。他开始适应并喜欢上灯塔、悬崖、沙洲和孤独。他结识了海鸥，这群清晨从岩缝中四散飞出，傍晚则聚集在灯塔顶部的精灵。斯卡温斯基常将自己吃剩的食物扔给它们，海鸥很快就摸出了规律。当他这么做时，海鸥振翅时的风旋环绕住他，他像是被白色绵羊包裹住的牧羊人。退潮时，他喜欢走向沙滩，捡拾潮水留下的美味：海蜗牛和漂亮的海螺。夜晚，在月光和塔灯的照耀下，他去捕鱼，石洞里有成群的鱼。毫无疑问，他爱上了礁石，爱上了这座岛，尽管岛上没什么树，只有一种矮小的、会分泌黏液的植物。好在这里有辽阔的海景可看，岛屿上的贫瘠也就不足为憾了。午后时分，空气变得稀薄剔透，从地峡到太平洋的一段，清晰可见。地峡植物繁多，绚丽多彩，像一个偌大的花园。阿斯平沃尔港房屋后面的椰子树和香蕉树相互纠缠，好似挤在一束花里。远处，在港口和巴拿马城之间有一片广阔的丛林，每天清晨和傍晚，丛林都会散发出一股猩红色烟雾——是货真价实的亚热带丛林啊！树下死水坑洼，藤蔓丛生，大兰花、棕榈树、牛奶树、铁树和橡胶树充斥其间。

✎ 一幅人鸥嬉戏图展现在读者的眼前，生动活泼。

用望远镜不仅可以看到丛林和巨大的香蕉叶，甚至还能观察成群结队的猴子、鹳(guàn)鸟，还有鹦鹉，它们扑打翅膀时像是丛林中升起的一朵彩虹云。斯卡温斯基对这样的丛林并不陌生，在亚马孙雨林沉舟后，他在相似的墨绿海洋中游荡了好几个周。他清楚这样神奇美妙的盛景下暗藏着多少危险和死亡。亚马孙的深夜，他听见不远处传来的恐怖悲鸣和捷豹的嚎叫，看见巨蛇如藤蔓一般缠绕在树上。他还知道那片沉睡的林湖，表面毫无波澜，水下却鳄鱼遍布。他知道生活在这片原始地带的人因于怎样的桎梏，一片不起眼的叶子足以成为杀伤力十足的工具，携来蚊子、蚂蟥和巨蛛。

他一切都知道，都经历过，并且都熬了过来；如今回溯往昔，从高处欣赏它们的美妙，他感慨万分，是灯塔，让他免于危险，安全无虞。他只在周日的清晨离开，穿一件带银纽扣的蓝色大衣，胸前悬着一枚十字架，自豪地扬起花白的头颅。他在教堂门口，听到克里奥尔人的谈话：

"我们有个称职的灯塔看守人。"

"虽然是个美国佬，但好在不是个异教徒！"

礼拜结束，他立即回到礁石岛，满心欢喜，因为他从未真正信任过陆地。回去之后，他常会阅读从城里买来的西班牙语杂志，或是从福尔肯布里

📝 从这句话可看出，陆地生活对他的伤害之深，亦可看出灯塔对他的疗愈。

显克维奇

奇那儿借来的《纽约日报》——饶有兴致地在字里行间搜寻欧洲大陆的新闻。在这灯塔之上，地球的另一端，一颗饱经风霜的心仍然为祖国而跳动……有时，当运送食物和水的小船靠岸后，他会走下灯塔，和港口保卫约翰斯聊会儿天。但是后来，他变得越来越古怪，不再来城市，不再读杂志，不再下楼和约翰斯聊天。一周过去了，依旧不见他的身影，他也不见任何人。显示老人还活着的信号就是消失在岸边的食物，以及每晚亮起的如海那边的日出一般准时的塔灯。显然，老人已对世事看淡，理由并非乡愁，它当然已经来过，但已消失不再。对老人而言，他的整个世界就是这座孤岛，这座孤岛就是他的整个世界。他逐渐觉得，自己至死也不会离开这座灯塔，并且全然忘记了灯塔外的世界。他成为一名神秘主义者，温柔的蓝色眼眸逐渐变得纯真，一眨不眨地盯着远方的某处。长期的离群索居，以及单调浩瀚的无垠空间，令老人逐渐丧失了个体感知力。他并不完全确定，只是无意识地觉得，他作为个人不复存在，而是和环境交融在了一起。天空，大海，礁石，灯塔，黄金沙滩，鼓风船帆，海鸥，涨潮退潮，这些是一个恢宏的整体，一个庞大的神秘灵魂；他只身沉湎其中，品味这份大观带给灵魂的抚慰。他沉没，摇晃，铭记——在这

> 身在异乡，不管多么惬意，这颗心仍旧为祖国而跳动，暗示了老人最终会离开港口。

> 盛大壮观的景象，多指美好繁荣的事物。

他独自存在的天地间，他半梦半醒，万分平静，几乎等同于半死。

三

✏️ 转折，引出下文的变故。

可梦醒时分最终还是到来了。

有一天，斯卡温斯基下塔，领取食物和淡水时，发现旁边还有一个包裹。厚厚的帆布上贴着美国邮票，清楚地写着"斯卡温斯基（收）"。满怀好奇的老人拆开帆布，看见满满一包裹的书。他拿出一本，端详一番，又翻到背面，双手忽然开始颤抖。他捂住双眼，不敢相信，似乎这是一场梦——书是用波兰语写的。这意味着什么？会是谁寄来的？他这才想起，刚当上灯塔看守人那会儿，有次从领事那里借了一份《纽约日报》，上面刊登着关于在纽约成立波兰人协会的消息，他当即给协会寄去半数月薪，反正在灯塔这儿花不了什么钱。作为感谢，协会回寄了这箱书。这一下子就说得通了，老人竟然没有第一时间反应过来。在阿斯平沃尔的灯塔上，在他的独孤生活里，这一本本波兰语书籍就这么出现了。对老人而言，可以说是非比寻常，这是故乡的气息，这是一种奇迹。现在，他明白了那些水手的话，觉得暗夜里有人正在呼唤他的名字，用一种怜爱却近乎被遗忘的语气。他闭上双目坐下来，觉得再睁眼，这个梦就会烟消云散。然而，并没有！拆开的包裹在他面前躺得好好的，午后的阳光照在上面，书也静静地摆在包裹里。老人再次拿起书，万籁俱寂，只听见心脏的跳动声。他浏览了一下：这是一本诗集，封面上有大写字母的书名，底下是作者的名字。斯卡温斯基对那个名字并不陌生。他知道那是位伟大的诗人，自己甚至还读过他的作品，是在十九世纪三十年代后的巴黎。之后，他到阿尔及尔和西班牙打仗，从同胞那里得知这位诗坛巨匠声名更盛了。不过那时，他已经习惯扛枪，没有随身携带书籍。一八四九年，他来到美国，冒险般的生活中几乎从未碰到过波兰人，更别说波兰语书籍了。一颗心怦怦直跳，他激动、急切地翻开书的第一页。他突然觉察到，这座孤岛之上，某种庄严的东西正在酝酿而生。

　　万物静默如谜，阿斯平沃尔港已经敲响下午五点的钟声，天空万里无云，几只海鸥盘桓于蓝色的天幕。海浪泛着涟漪，潮水不再呜咽，几近无声地缓缓漫过沙滩。远方，阿斯平沃尔港的楼房和漂亮的棕榈林绽露微笑。一切都如此祥和、宁静、庄重。突然，这无声的午后响起老人颤抖的嗓音，他开始大声朗读，以便理解诗句：

▣ 此处是指波兰浪漫主义诗人亚当·密茨凯维奇。
▣ 阿尔及利亚首都，港口城市。

立陶宛，我的祖国，你如同健康！
该怎么赞美你，只有失去你的人
才会知晓。如今你那傲人的美丽
我瞻仰并写下，因为对你的思念……

> 形象生动地表达了斯卡温斯基想抑住哭泣，到了发不出声的状态。

斯卡温斯基不再出声。字母跃动到他的眼眶，胸腔内好像有一种东西断了，以波浪的形态从心脏向上翻涌，越来越高，抑住声带，压住喉咙……过了一会儿，他恢复镇定，接着往下读：

圣女，您因为守护琴斯特霍瓦城
而更显光辉，闪耀在那金色大门！
是您，同诺沃格鲁德城堡的人民并肩作战！
我，一名孩童，被您治愈如奇迹一般，
（母亲为我哭泣，祝祈您的庇护
我缓缓抬起没有生气的眼皮
当即可以步行前往您的圣堂，
感谢上帝令我重获新生）
就像您奇迹般地让我们回到祖国的怀抱……

上涌的浪潮淹没了情绪的大坝。老人惨叫，摔倒在地面上；花白的头发沾染了岸边的黄沙。

显克维奇

四十年光阴转瞬即逝，他始终未曾回到祖国，只有上帝知道，他有多么思念故乡！没想到，祖国的声音，自行地来到他的身边，漂洋过海，穿过大半个地球，找到了他！多么可爱、亲切、优美！哽咽令他颤抖，不是因为痛苦，而是因为一种不可估量的爱被唤醒，在它面前，一切都一文不值……他只能用一场大哭，向远方心爱的祖国致歉，请求原谅他是如此的衰老，乃至于甘心与这块孤独的岩石相依为命，而渐渐忘却对祖国的思念。此刻他"奇迹般地回到祖国的怀抱"——他的心一阵撕痛。时间一分一秒过去，他始终躺在地上。海鸥飞离灯塔，尖声鸣叫，仿佛是在担忧这位年迈友人的情况。到了喂剩饭的时间，几只海鸥从塔顶飞到他的身边，接着，海鸥越来越多，它们轻拍着翅膀，在他头顶飞来飞去，有几只还停下来啄他。翅膀的震颤声，让他回过神来。哭过之后，他轻松多了，此刻他恢复平静，脸上微微泛红，眼眸像得到某种启迪而神采奕奕。他漫不经心地把食物抛向海鸥，它们尖叫着扑向食物。他又拿起书。太阳划过花园一般的城市，划过原始丛林，缓缓向地峡另一端落去，不过大西洋仍是一片辉耀，十分壮观。他接着往下读：

　　就将我这颗思念的孤魂，

✎ 海鸥飞到他身边觅食，呼应前文。

97

送往那林中土丘，和那嫩绿草地……

暮色模糊白纸上的黑字，只需要眨眼的工夫。老人头枕在礁石上，闭上双眼。这时，那句"您因为守护琴斯特霍瓦城而更显光辉"让他丢了魂儿，将他的心"送往那林中土丘，和那嫩绿草地"。天空中燃烧着绵长的红色和金色条束，他在这光影变幻中，飞向挚爱。耳畔响起家乡松树林的沙沙声、河流的叮咚声。往昔岁月一一浮现在眼前，似乎在追问他："你可记得？"他当然记得！眼前又出现那些景象：广袤的田野，田埂，草地，森林，村庄。夜色降临，往常这时候，塔灯已经照亮大海——可是他这会儿，仍然徜徉在故乡的村庄。老人低着头，睡得正香。画面在他眼前飞速闪过，包括一些不太美好的画面。他看不到家里的老房子，因为战争将其铲平；他看不到双亲，因为他们在他小时候就双双离世。不过他好像是昨天才离开村庄的似的：一排农舍的窗户里亮着光，堤坝、磨坊、两片相连的鱼塘整夜传来蛙鸣。有天晚上，他在村里站岗放哨，那晚的记忆又变成一帧帧画面。他再次成为一名放哨站岗的轻骑兵，远处的客栈亮着光，里面载歌载舞，大小提琴和低音小提琴的声音在静夜里流淌。"呼——哈！呼——哈！"那是

✎ 为后文的沉船事故埋下伏笔。

显克维奇

轻骑兵在跳舞，足下生辉。另一边的他骑在马上<u>百无聊赖</u>！时间懒懒散散地过去，最终灯光熄灭。放眼望去，一片雾蒙蒙：烟气从草地上升起，整个世界都沁在灰白色的云雾里。你或许会说这根本就是海洋，但这确实是草地。再等等，不一会儿，秧鸡和甘蔗林里的池鹭就会开始叽叽喳喳。夜晚如此宁静凉爽，这是真正的波兰的夜晚！远方松林沙沙作响……就如海浪。再过一会儿就要破晓，母鸡已经在围栏里咯咯叫。农舍间的应和声此起彼伏，鹤群在高空中鸣啼。有几个人在那边正在聊着明日的战斗。嘿！该走了，其他人已经在军旗的指引下，浩浩荡荡出发了。血气方刚的年轻人吹着喇叭，夜晚的风送来清凉。已是黎明时分，黎明！天色泛白，树林、灌木、村舍、磨坊、白杨逐渐在黑暗中显露出模样。井里水声汩汩，就像灯塔中呼呼作响的旗帜。这片挚爱的土地，在粉色的晨曦中是多么美丽动人！哦，唯一的土地，唯一的！

　　安静！敏锐的轻骑兵听到了什么，有人在悄悄靠近。一定是来换岗的战友。

　　突然，一个声音从斯卡温斯基的头顶传来：

　　"喂，老人家！起来了。您怎么了？"

　　老人睁开眼，惊讶地盯着眼前站着的男人。他的脑海里，余梦仍在同现实交战。最终梦中的画面

> 精神无所依托，感到非常无聊。

逐渐模糊并消失。眼前的男人是港口保卫约翰斯。

"怎么了？"约翰斯问，"您生病了吗？"

"没有。"

"您忘了点亮灯塔。恐怕您不能再继续做这份工作了。一艘从圣戈罗莫驶来的轮船在浅滩沉没了，所幸无人遇难，否则您将面临法律责任。您跟着我，剩下的事情去领事馆里解决。"

老人面色苍白，他今晚竟然没有点亮灯塔。

几天后，斯卡温斯基出现在从阿斯平沃尔驶向纽约的轮船上。他丢了看守人的工作，流浪之路又在他面前开启了。大风又一次吹走这片孤叶，把它吹向五湖四海，尽情地折磨它。几天里，老人一下子苍老了很多，背也驼了；只有那双眼睛仍然闪烁着光。新的旅程开始了，他的怀里多了一本书，时常忍不住用手压压封面，生怕将它弄丢了……

✏ "书"象征着回不去的故乡，成为斯卡温斯基的精神故乡。

显克维奇

> **阅读小助手**
>
> 　　四海为家的老人原本想过上稳定的生活,他也得到了这样的生活,奈何内心深处,还是放不下对祖国的思念,一本来自家乡的书就能让坚强的老人溃不成军,甚至为此丢失工作。这不是老人矫情,只能说他对故土爱得深沉!
>
> 　　人啊,终其一生,都在找寻自我的归宿,这种归宿往小处说是家庭、工作的地方,往大处说是家乡、祖国。我们就像天上的风筝,线的那头永远攥在它手里,它动一动,我们的心就跟着动。但愿,每个人都能找到自己的归宿!

小音乐家扬科

桑笑宇/译

　　一个虚弱的生命来到人世。住在附近的女人们围在产床旁，止不住地摇头，既是对产妇，也是对新生儿。铁匠西蒙诺夫的妻子是她们当中最聪明的，她安慰着病恹恹的产妇。

　　"别担心，"她说，"我会为你们点燃圣烛，不会再有坏事发生了。亲爱的，你们即将前往天堂，我们去请牧师，洗去你们身上的罪恶。"

　　"来不及了！"另一个女人说，"需要立即给孩子施洗，恐怕他等不来牧师了，而且……"她顿了顿，"为了大家的平安，他可别变成什么吸血鬼。"

> 写出了周围人冷漠、缺乏同情心。

　　说着，她点亮圣烛，抱起婴儿，朝他脸上洒了洒水。小家伙眨了眨眼睛，女人又说：

　　"我以圣父、圣子、圣灵的名义施洗你，为你取名扬科。好了，现在，基督神灵，走吧，回到你的来处。阿门！"

　　可是基督神灵丝毫没有兴致回到来处，当然，它也不想离开这具皮包骨头的躯体，而是开始猛烈摇晃婴儿的双腿，力气大到他开始嘤嘤啼哭。哭声细若游丝，怪可怜的。女人们说："一点都不像个小男孩，倒像只猫咪，或者别的什么东西！"

她们请来牧师，牧师行完仪式后，立马走了。然而刚分娩完的母亲这会儿觉得舒服些了，一周后便开始下地干活儿。但孩子只能勉强靠一口气活着，直到四岁那年布谷鸟"布谷布谷"叫时才有所好转。拖着这副病恹恹的身体，他挺到了十岁。

他总是瘦瘦的，皮肤黝黑，挺着大肚子，脸颊凹陷；头发好似乱麻，近乎全白，发丝随意地盖在如灯泡一样凸起来的眼睛上，那眼睛让人感觉他是在凝视着辽阔的远方。冬日，他坐在烤炉前，因为寒冷而小声啜泣；有时则是由于饥饿，母亲没有任何东西放进烤炉或者炖锅。夏日，他穿一件束腰衬衫，头戴一顶稻草帽，看着像是一朵衣衫褴褛的黄蘑菇，帽檐底下的双眼望向天空，<u>好似一只小鸟。他的母亲，一个贫穷的佃户，就像寄居篱下的燕子</u>。或许她不知道如何表达自己对孩子的爱，总是打他，骂他"狗杂种"。八岁时，他就已经做了放牛人的助手。当家里没东西吃时，他带着陶罐，走进森林采蘑菇。幸好他从来没碰上野狼，可真是上帝垂怜。

他并不十分聪明，和村里其他孩子一样，说

✏️ 母子二人，一个像小鸟，一个像燕子，都是漂泊无依、寄人篱下，说明母子二人生活的凄苦。

话时会吮吸手指。村里人都不相信他能成事，更不觉得他母亲能盼来他安家立业的那天。他做事马马虎虎，不爱动脑筋，他们不清楚这孩子究竟是怎么来的。他只热衷于一件事，那就是音乐。无论到哪儿，他都能听到动听的旋律，稍微大了点后，脑海里除了音乐，别无其他。他常去树林里放牛或是采蓝莓，回来后陶罐里竟然空空如也，只能诺诺地说道：

> 从这句话可以看出，扬科是有音乐天赋的。

"妈妈！树林里有什么东西在弹奏音乐。喔！喔！"

母亲回应：

"我看是我要弹你，弹你！别躲开！"

母亲时常用木勺在他身上"弹奏音乐"。孩子哇哇大叫，保证下次不再犯错，但他还是觉得树林里有什么东西在弹唱……到底是什么？他或许已经看到……松树，山毛榉，桦树，黄莺，一切都在欢唱。整片树林，都是这样！

余音也是……田野里艾蒿为他拨弄琴弦，果园里麻雀在屋檐下一展歌喉，欢快的乐声令樱桃树轻轻摇晃！傍晚他听到村里万物齐发的声响，便觉得整座村庄都在奏乐。人们给他分派挑大粪的工作，他竟认为是风在钉耙上弹奏。

有次，监督田事的小官看见他傻站着，头发

显克维奇

凌乱，正倾听大风在钉耙上留下的音乐……小官见状，用皮带给了他一次难忘的教训。事情传开后，人们开始唤他"小音乐人扬科"！……春日，他从家里溜出来，和着溪流叮咚吹奏柳皮笛。<u>夜晚，青蛙呱呱鸣叫，草地里的秧鸡叽叽咕咕，树丛里小虫唧唧吱吱，栅栏里的公鸡也在打鸣。小扬科无法入睡，只是倾听，唯有上帝清楚，他在动物的叫声中也能听见旋律</u>……母亲没办法带小扬科去教堂，因为当教堂里的管风琴奏乐或者唱诗班用甜美的嗓音唱歌时，男孩的眼眸中会弥漫出一片雾，仿佛他看向的不是这个世界……

✏️ 扬科沉浸在音乐的世界里，这是他的纯真所在，亦是他的天赋所在。

每晚，村里的看守四处巡逻，为了止住困意，他会数天上的星星或者和野狗悄悄聊天。他不止一次地碰见穿白衬衫的小扬科在黑暗中朝旅馆的方向移动。不过男孩从来不走进旅馆，而是在附近偷偷观望。他躲在墙角，侧耳倾听。屋子里，人们跳着舞，有时有人会突然大叫一声："呜——哈！"还能听见鞋子踢踏地板的声音，接着是女孩子们问："什么？"小提琴轻轻歌唱："吃着美味佳肴，喝着精酿美酒，你们一起步入婚姻殿堂。"低音小提琴则用低沉浑厚、略带庄重的嗓音说："只要上帝同意！只要上帝同意！"窗户上透着屋内的暖光，似乎每根木柱都在愉快地摇颤、哼唱、伴奏，小扬科都听见了!……

他愿意付出一切,如果自己也能得到这样一把小提琴:"吃着美味佳肴,喝着精酿美酒,你们一起步入婚姻殿堂。"这把欢唱的木质小提琴!可是!怎么才能得到它?在哪里才能得到它?哪怕只放在他手里感受一下也好!……他只能听声,听啊听,直到看守的声音在他身后的黑暗中响起:

"你怎么不待在家里,小鬼头?"

于是,小扬科只好赤着脚回到家里,他身后的暗夜里仍然荡漾着小提琴的余音:"吃着美味佳肴,喝着精酿美酒,你们一起步入婚姻殿堂。"还有低音小提琴那庄重的嗓音:"只要上帝同意!只要上帝同意!"

只要能听到小提琴的演奏声,无论是在丰收节,还是在婚礼上,对于小扬科来说就是一场盛大的节日庆典。他会躲到炉子后面,整天一句话也不说,在黑暗中眨巴着如猫咪般晶莹的眼睛。后来,他用粗木板和马鬃制作了一把小提琴,不过这把小提琴发出的声响不如旅馆里的那把美妙:琴弦摩擦的声音很轻,非常轻,就像苍蝇或者蚊子发出的动静。尽管如此,他还是从早到晚地演奏它,为此,他挨了母亲不少打,最后他变得像一颗半生不熟的瘪苹果。这种日子已是家常便饭,小扬科越来越消

> 扬科什么都没有,他的一切无非就是他的生命,这为下文他因小提琴而惨死埋下了伏笔。

瘦，只有肚皮依旧滚圆，头发越来越杂乱，两只眼睛分得更开了，眼眶时常肿胀流泪，脸颊和胸脯却越来越凹陷……

他一点儿也不像同龄的孩子，反倒是像那把粗制滥造的小提琴，几乎无法演奏。春耕时节，他在饥饿中度过，每天的粮食就是萝卜干，但他仍未放弃对小提琴的深切渴望。

谁也没想到，这渴望给他带来了不幸。

地主别墅的管家拥有一把小提琴，为了取悦别墅里的女佣，他经常在晚上弹奏。小扬科穿过牛蒡(bàng)丛，悄悄来到餐具室的门外，只为了看一眼小提琴，它就挂在门对面的墙上。男孩用迫切的眼神盯着那把小提琴，整个身心都扑在它身上。那是他可望而不可即的圣物，连碰一下都不配，是他的挚爱。可是，他还是想要拥有它。他多希望，哪怕只能亲手抚摸它一次，至少能凑近看看它……可怜的小扬科因这个想法而忐忑，却又感到幸福。

一天夜晚，餐具室里无人。地主一家还在国外游玩，别墅几乎是空的，管家去了女佣的房间。小扬科潜伏在牛蒡丛里，盯着敞开的大门里那个他日思夜想的圣物许久了。皓月当空挂，一抹月光透过窗户斜照进屋内，在对面的墙上投射出一个巨大的方形图案。这方形缓缓移动到小提琴身上，最终将

✏️ "穿过""悄悄""看一眼""迫切""扑在"这些词透露出扬科内心强烈的渴望，可现实又让他"连碰一下都不配"，传达给读者扬科急切而又无可奈何的心情。

其整个照亮。此时，本来昏暗的物件反射出银色辉光；特别是那些凸起的地方，变得闪耀夺目，小扬科几乎无法睁眼看清。这抹光亮令小提琴上的一切都变得华美。弦栓发出光亮，好似一群仲夏的萤火虫，旁边悬着的琴弓就如一把银手杖……

哦！一切如此美丽，近乎魔幻；小扬科的眼神愈加贪婪起来。他蹲在牛蒡丛里，手肘撑在瘦弱的膝盖上，张开嘴巴看啊看。恐惧令他停在原地，但一种无法克服的渴望又不断推他向前。他究竟是中了魔咒，还是？……可那闪亮的小提琴离他又近了些，似乎在向他飘来……一会儿光亮泯灭，实则是为了更加夺目地闪耀。魔咒，这一定是魔咒！这时刮起了风，树林沙沙哗哗，牛蒡丛扑扑簌簌，小扬科似乎听到了一些声音：

"去吧，扬科！餐具室里没人……去吧，扬科！……"

夜是如此清朗、宁静。夜莺飞到花园的池塘边，开始啁啾吟唱："去吧！快去吧！把它拿来！"一只好心的蝙蝠悄悄飞到男孩的耳畔，对他耳语："扬科，别去！别去！"蝙蝠说完就飞走了，不过夜莺还在，牛蒡丛愈加响亮地扑扑簌簌："屋里没人！"小提琴又再次散发银辉……

蜷缩着的小男孩警觉地向前悄悄移动，这时夜

✎ 把夜莺、牛蒡草、蝙蝠拟人化，一边是鼓动，一边是阻止，写出了扬科心里的纠结。

显克维奇

莺又开始低声吟唱:"去!快去!拿来!"

　　他那显眼的白色衬衫离餐具室的大门越来越近。深色的牛蒡丛已经无法掩护他。小扬科的病肺里发出粗重的呼吸声,清晰地从门框边传来。没过一会儿,白衬衫不见了踪影,门槛上已跨进一只光脚。蝙蝠又飞过来,尽管这已经是徒劳,它还是再次叫唤:"不!不!"而小扬科已经在餐具室里了。

> ✎ 这里惟妙惟肖地描绘出尽管扬科十分害怕紧张,但对音乐的热爱、对小提琴的渴望压倒了一切。

　　池塘里的青蛙鸣叫得越发响亮,像是受到惊吓,接着却安静下来。夜莺停止欢唱,牛蒡丛也不再发出声响。小扬科战战兢兢(jīng jīng)地向前,不敢发出一丝声响,好似一只落入陷阱的野兽。他移动迅速,几乎屏住呼吸,黑暗完全裹住了他。这时,无声的夏日闪电划破天际,从东边划到西边,登时天一片大亮,把餐具室照得清晰可见。小扬科跪在地上,抬头直直地看着小提琴。闪电过去了,流云遮住皓月,屋内伸手不见五指,鸦雀无声。

> ✎ 从"跪""抬头""直直地"几个词,可以再次看出扬科是多么渴望和热爱这把小提琴。

　　过了一会儿,黑暗中响起一阵窸窸窣窣(xī xī sū sū)的啜泣声,好似有人不小心碰到了琴弦,突然……

　　一个浑厚、困倦的声音从角落里传来,带着一丝愠怒:

　　"是谁在那儿?"

　　小扬科屏住呼吸,男人的声音再次响起:

"谁在那儿？"

烛火开始摇曳闪烁，照亮整间屋子，接着……噢！天呐！只听见一阵咒骂声，打击声，孩子的啼哭声，大叫声："噢！看在上帝的分上！"狗吠不止，一扇扇窗户上亮起烛光，整座别墅一阵纷乱……

第二日小扬科被送上了法庭。

他们把他当成小偷了？……那当然。法官和陪审团看着面前的孩子，他手指含在嘴里，眨着灯泡眼，面露惧色，矮小，瘦弱，肮脏，身上青一块紫一块，他并不清楚自己在什么地方。他们想对他做什么呢？会考虑到他才十岁，是个站都站不稳的穷孩子吗？会把他扔进监狱，还是……对孩子还是得怀有一点怜悯之情。那就把他交给看守，用棍子打几下，让他记住教训。好了，宣判完毕。

"但愿他能长个记性！"

他们叫来看守施塔哈，对他说：

"带走他，给他点教训尝尝。"

施塔哈点了点自己笨重的大脑袋，一把将小扬科夹在胳肢窝里，像夹只小猫咪一样，朝谷仓走去。小可怜不知道接下来自己要面对的是什么，许是已经吓蒙，他一声不吭，只傻傻睁大了眼睛，像只受惊的小鸟。他怎么能知道施塔哈将对他做什么？当看守将他放在地上，一把掀起他的白衬衫，

✏ 扬科显然是吓坏了，一种孤单无助的形象展现在读者面前。

从他头上拽下来，小扬科这才开始大声呼喊。

"妈妈！"看守开始用木棍捶打他，他叫个不停。"妈妈！妈妈！"声音越来越低，越来越弱，最后一次捶打后，男孩已不再呼叫自己的母亲，彻底没了声响。

一把可怜的、破碎的小提琴！……

"喂，愚蠢的家伙，浑蛋施塔哈！谁会这样痛打一个孩子？他年纪这么小，身子骨又弱，好几次都差点没挺过来。"

母亲来接小扬科，把他抱回了家……第二日，小扬科根本没法起床，第三日晚上，他安详地躺在床上，身上盖着粗布毛毯，奄奄一息。

✏️ 既体现了扬科的可怜，又体现了打他之人的残酷。

土墙旁生长着一棵樱桃树，枝梢上的喜鹊欢快鸣啭；阳光射进玻璃，给男孩的一头蓬发和毫无血色的脸蹬上了一层光辉。这光如同一条阳关大道，意味着这颗幼小灵魂即将离开这个身体。还好，他将踏着这条宽阔、明亮的道路逝去，不像他的一生，遍布荆棘。瘦弱的胸膛随着微弱的呼吸微微起伏着，神情像是在倾听从窗户流泻进来的村庄之歌。正值傍晚，从草场回来的女孩们正在欢唱："噢，在那绿茵茵的草地上！"小溪边也传来笛声。这是小扬科最后一次听到村庄的奏鸣曲……毛毯旁躺着他的破旧小提琴。

✏️ 扬科已奄奄一息，此处却写歌声，似乎与此情此景不相配，强烈的对比实则在反衬扬科命运的悲惨。

突然，孩子垂死的脸庞明朗起来，泛白的嘴唇无力地唤着：

"妈妈？"

"怎么了，孩子？"母亲问，她早已哭成泪人……

"妈妈，上帝会送我一把真正的小提琴吗？"

"当然，孩子，一定会的！"母亲回答，但她已无法再说更多，强烈的愤怒让她从喉咙里爆发出一声呐喊，"噢，上帝！上帝啊！"她把头埋在胸前，完全丧失理智，开始号啕大哭。她明白挚爱的孩子正在离去，而自己束手无策。

当她再次抬起头时，小音乐人的眼睛虽然睁得很大，但一动不动，脸色庄重而悲伤，还有一股专注的神情。

小扬科，一路走好！

两天后，地主一家从意大利游玩归来，随行有一位年轻的绅士，是地主家小姐的仰慕者。他感叹：

"意大利真是个美丽的国度！"

"人人都是艺术家。要是能发掘一位天才，并且资助他，该是多么幸福的一件事。"小姐说。

埋葬着小扬科的桦树林沙沙作响……

✏️ 讽刺式结尾，小姐充满希望的话与扬科的悲惨结局对比鲜明，讽刺意味强烈。

显克维奇

阅读小助手

　　这是一个凄惨的故事,一个热爱音乐的十岁小男孩,仅仅因为摸了一下地主管家的小提琴,就被告上法庭,惨遭毒打,很快死去。多么令人扼腕叹息、悲愤难平!

　　我们感叹小主人公对音乐的热爱和执着,感叹他的不幸,我们要珍惜今天来之不易的幸福。

○ 作家档案

中文名：**延森**

外文名：Johannes Vilhelm Jensen

国　　籍：丹麦

出生日期：1873年1月20日

逝世日期：1950年11月25日

认识作者

延森，小说家、诗人。早年在哥本哈根大学学医，后游历美国、法国、西班牙及东亚等地，当过报纸通讯员。创作题材有神话故事、游记、小说、抒情诗等。他的小说、诗歌、散文被称赞为"丹麦文坛的三绝"，他本人也有"丹麦语言的革新大师"的称号。

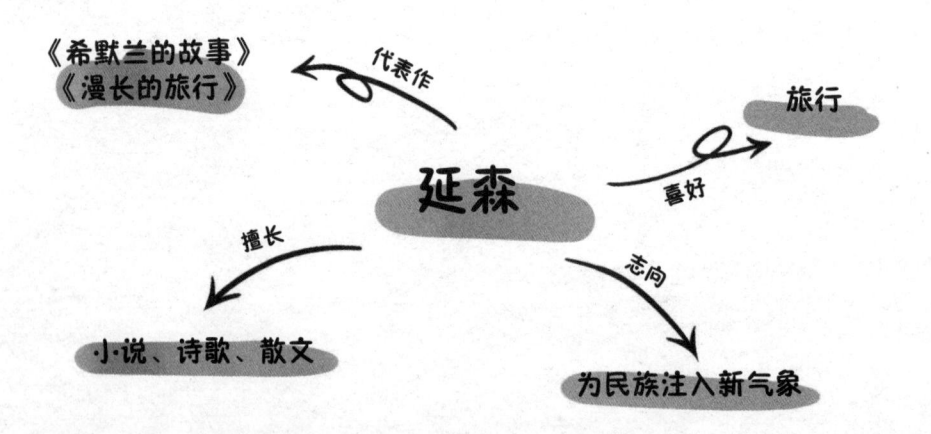

延森
- 代表作 → 《希默兰的故事》《漫长的旅行》
- 喜好 → 旅行
- 擅长 → 小说、诗歌、散文
- 志向 → 为民族注入新气象

1944年诺贝尔文学奖

获奖理由：
　　他凭借雄浑而丰富的诗意想象，将渊博的智慧和大胆、新奇的独创风格结合起来。

创作风格

　　延森的作品常常描绘人类的基本问题，如爱、生死和信仰。他的文字充满了诗意和感性的色彩，以及对自然界和环境的热爱。他擅于通过细致入微的描写，创造出栩栩如生的场景和人物形象。此外，延森的作品也经常涵盖广阔的历史背景，展示了他对历史事件和文化传统的深入研究。他的作品风格独特、引人入胜，以其真实而深远的洞察力在文学界享有盛誉。

作文素材

　　这是一头孤独的奶牛！我的小村庄里只有这么一头奶牛，我带它来到市场是想让它和它的同类聚聚，散散步。《安妮与奶牛》

　　黑暗的房间里，回荡着无法抑制的笑声。那真是没有忧愁、发自内心的笑声。他们躺着，闹着，笑着，消耗着体内旺盛的生命力。《七个沉睡者》

安妮与奶牛

张 瑶/译

> 开头设置悬念，引发读者的好奇。

> 一个节俭、干净、勤快的妇人形象映入读者的眼帘。

在瓦尔普松集市的牛市里，站着一位老妇人和她的奶牛。她和这头奶牛站在僻静处，或许是出于腼腆，又或许是有意要吸引更多人的注意。她是如此平静地站着，阳光下，她的头轻微地向前探着，手里正织着一只早已长到卷边的毛袜。她穿着一身样式老旧的衣服，靛蓝的裙子上散发着家用染料的气味，镂空的腰间搭着一件褐色针织胸衣。她戴的那条头巾早已褪色泛白，皱皱巴巴的，仿佛在某个角落里堆放了许多年；脚上的木鞋后跟都磨平了，但被她擦得锃亮。她那双饱经风霜的手，握着毛线针，上下翻飞，除了她手里的这四根针，在她灰白的头发上还横插着一根。她站在那里，竖起一只耳朵，倾听着从集市飘来的音乐声，也不时地看看身边熙攘的人群和他们带来交易的牛。处处吵闹嘈杂，马儿的嘶鸣声，海边的喧嚣声，讨价还价的嘈杂声和咚咚的鼓声……而她，却只是安静地站在太阳下，忙着她手里的活计。

奶牛依偎在她的身边，头蹭着她的胳膊肘，腿脚僵硬地站在那里，颤动着嘴唇不停地咀嚼着。这是一头老奶牛，可状态不错，毛色鲜亮，也没有杂毛。美中不足的是它的后臀和脊背偏瘦，骨头都凸出来了，不过这不算大问题。它那漂亮的黑白相间的牛角上点缀着几条环状的花纹，眼睛湿漉漉的，就那么站着，下牙从左到右地咀嚼一遍草料；当它嚼下一口时，它转过头看了看一侧，咽下口中的食物。这头牛十分健壮结实，呼吸时，它的喘息低沉而富有节奏，就像是暗夜中风琴发出的音调。它经历过所有奶牛经历过的一切，它产下过小牛犊，尽管一眼都没看、一下都没舔(shì)舐过自己的孩子，只自顾自地吃着粗粝的草料，心甘情愿地把牛奶奉献出来。现在正是它大快朵颐的时候。它有节奏地左右摇摆着尾巴，驱赶屁股后面的苍蝇，发出低沉的叫声。老妇人只在一只牛角上，松散地拴了根绳，因为它从不会去咬绳子或自己走掉；牛笼头已经磨损得很厉害，它的鼻子上既没有穿孔也没打鼻钉，因为它根本无须被钳制。不过今天系着它的是一根新绳子，而不是过去那根磨损严重的旧绳子。老安妮希望她的奶牛可以漂漂亮亮地出门。

它确实是一头很不错的奶牛，已经成熟到可供屠宰的地步。很快，有人上前端详它，用手摸了摸它脊背上的皮毛。它只是略微后退一步，并未发

> 这里对奶牛的描写说明这是头好奶牛，为后文很多人想买奶牛做铺垫，也从侧面烘托出老妇人对奶牛的精心照顾。

脾气。

"这头奶牛卖多少钱，老太太？"那人问道。他把挑剔的目光从奶牛身上转到安妮脸上。安妮只是自顾自地打着毛线。

"这奶牛不卖。"她答道，口气坚决。她一只手松开毛衣针，揉了揉鼻子，有点驱赶的意味。男人讪讪地走开了，几次恋恋不舍地回头看奶牛，走走停停，险些绊倒。

片刻后，来了个屠夫，胡子刮得干干净净的。他用藤杖轻敲了一下牛角，又用他肥硕的手摸了摸它光滑的皮毛。

"这牛卖多少钱？"

安妮爱怜地瞥了一眼奶牛，奶牛狡黠地眨了眨眼睛，扫了扫敲击它的那根藤杖，然后扭过头去，望向远处，仿佛发现了什么感兴趣的东西。

"它不卖。"

听完，这个罩衫下沿扫到了点动物血迹的屠夫扬长而去，紧跟着又来了一个买家，询问牛的价格。老安妮摇了摇头说："这头牛不卖。"

她就这样接连打发走很多人，无疑引起了人们的注意。大家开始对她说长道短。一个之前已经来询过价的买家折返回来，还是想要买下这头牛。他开出个大价钱，这价钱简直太诱人了。可老安妮还

✎ 来到牛市却不卖牛，这不仅引起了往来交易人的好奇，也引起了读者的好奇。

✎ 多人前来买牛，从侧面说明安妮的奶牛是头好奶牛。

118

延 森

是用非常坚定的语气回绝了他。

"它是已经卖出去了吗？"那人问道。

"不，不是这样的。"

"那你为什么要带着牛站在这里？"

老安妮只是低头不语，手中不停地忙着活计。

"为什么？那你为什么和牛站在这里？"男人穷追不舍地问，他觉得自己被冒犯了。"这是你自己的牛吗？"

"是的，当然是我的牛。"这头牛确实是安妮的牛，当它还是一头小牛犊的时候，就已经是安妮的了。安妮心想："不妨和他多说几句，平息他的怒火。"

"难道你和牛站在这里是为了拿人取乐吗？"

天啊！怎么可以这么说呢！安妮沉默了，她很伤心。

男人又生气地说道："我说，你是来市场耍人玩的吗？"

听了这话，安妮停止了手里的活儿。她收起毛线针，摘下拴住牛的绳子后，瞪着眼睛看向男人，说道：

"这是一头孤独的奶牛！我的小村庄里只有这么一头奶牛，我带它来到市场是想让它和它的同类聚聚，散散步。所以我们到这儿来了。是的，我

✎ 安妮拒绝大价钱不是待价而沽，不是坐地起价，而是真心不想卖。由此可看出安妮的善良。

✎ 最后一段的解释，凸显了安妮的善良、礼貌。

119

们确实不是来做生意的。事已至此,我们只好回去了。对于你刚刚说的话,我也向你道歉。好吧,再见,谢谢!"

阅读小助手

　　这是一个可爱的故事,可爱的主人带着可爱的奶牛去牛市,不是为了做生意,而是为了带奶牛散心。主人何其有幸,拥有这么健壮的奶牛;奶牛何其有幸,跟着这样善良的主人;我们何其有幸,读到这么温暖的故事。

　　整个故事设置巧妙,描写细致,人物形象鲜明,展现了作者的巧思妙想。

延森

七个沉睡者

张 瑶/译

除夕夜，住在凯尔比小镇的几个年轻人，按照习俗敲响了好几户人家的门；当他们打算造访湖那边的巴克家农场时，由于他们之前被抓到过，并且还被关过好几次，所以总有一些羞耻感。

这几位年轻人去年除夕对巴克一家做恶作剧时，被教训得很惨，所以和湖那边农场里的人有一些摩擦。那天，巴克一家正沉浸在温馨的节日气氛中，他们正要享用美味的晚餐甜粥时，这几位年轻人来了场恶作剧：厨房的门突然被撞开，一个装满干灰的大罐子横空飞进来，刚好落在餐桌的正中间，罐子被摔破，里面的干灰喷薄而出，飘到房间的每个角落。由于事发突然，巴克一家人还没明白怎么回事，就被呛得剧烈咳嗽起来。他们在尘埃中摸索了很长一段时间，才摸到不那么呛人的地方。显然，巴克一家绝不会邀请这些年轻人进来共进晚餐，他们缓了口气后，抄起长鞭和棍棒就去追赶这几个淘气鬼。出乎年轻人意料的是，巴克家人的体力很好，他们紧追不舍，逼得年轻人除了踏入湖

✏ 故事的开头就设置悬念：他们为何被抓？经过是怎样的？引起读者的好奇。

✏ "撞""飞""落""摔""喷""飘"这几个动作一气呵成，非常生动地展示了恶作剧的精彩场面。

121

水，别无选择。年轻人也是有备而来，他们穿上长靴或木靴；而巴克家人只穿着长裤和木鞋，根本无法下湖去逮这些人。但巴克家人多的是耐心，他们在湖边守株待兔，一待就是几个小时，一点没有离开的打算。那是霜冻前后，夜晚寒冷，逃到湖里的年轻人，几近冻僵。

许是为了打发时间，许是为了取暖，巴克家人开始用手里的鞭子和棍棒抽打水面。他们发现，水花扬起时，风便会将水花溅到这些年轻人的身上，打湿他们的衣服。于是，他们越打越欢。这可苦了湖里的年轻人，他们难过而愤怒。巴克家人丝毫不感到歉疚，反而找来大块的石头和土块，尽可能抛至水里，溅起的水花很快让湖里的年轻人浑身湿透，怨声四起。岸边的巴克家人有的是时间，他们只需默默等待。终于，狼狈不堪的年轻人不得不放下脸面请求和解，他们在这个神圣的日子里被狠狠地嘲笑了。

现在，复仇的时刻到了。当这些年轻人再次聚在一起取暖时，其中一个想出一个绝妙的计划。大家都想一雪前耻，便决定实施这个计划。

想要明白这个计划的绝妙处，就需要了解巴克家农场和那里的人们。那是一个古老的农场，孤零零地坐落在凯尔比湖以北的小山上。就算是在过

✏️ 引出下文，介绍想出这个计划的缘由。

延　森

去，这个地方也是偏远地区。以前在更西边的地方，倒是有一个古老的村庄，只是现在早没有了，只剩下一条堤坝，上面有些玫瑰和李子树。跟这个村庄不同，坐落于湖东边的凯尔比小镇是一个非常繁荣的村庄。在我的记忆里，它是修通道路后才慢慢发展起来的。然而巴克家农场的人们不想离开他们父辈留给他们的土地。他们遵守着老一辈不合时宜的习俗，一直孤独地生活在老地方。既没有被新事物诱惑，也不羡慕新式小镇凯尔比。顺便提一下，这里的人跟镇上的人同样富足。

巴克家人嗜睡程度严重、行动迟缓，这几乎是所有人都知道的事情。只要有机会，他们就会在院子里睡觉；虽说没有佣人，但倒是不用担心没人干活儿，毕竟家里孩子多。当有的活儿必须大人出面时，他们才打着哈欠，拿顶帽子慢吞吞地走过来。他们的头发上永远挂着几根床铺上的稻草和枕头里的羽毛。他们时不时地跳一跳，好似怕被外面的寒气冻住。活儿一干完，他们会马上往地上一躺，困得不行。就算他们站着和人讲话，也能随时随地睡着，这从他们马上要合上的眼睛和抓挠胳膊的小动作上就能看出。他们身体摇摇欲坠，好像不知道身在何处。餐桌上，他们勉强撑着眼皮吃饭。白天耕作或者做些不得不做的事情时，他们觉得自己置身

✏️ 本段意在直接描写巴克家人嗜睡程度严重。

于一个漫长的噩梦中。夏天的时候，你会发现整个农场就像死了一般，所有人都在睡觉。有几个直接在太阳底下睡觉：男人贴着墙根，其中一个儿子蜷在磨刀石旁的角落，还有一个儿子躺在马车底下。妻子和女儿则睡在屋里。苍蝇在他们的脸上成堆地爬行。

> 此处则间接描写巴克家人嗜睡程度严重。

据说巴克家人的衣服，在夏天时只褪色一边，因为他们只躺向一侧。长久地睡觉，让老巴克本人的耳朵后面长着一个像龙虾爪一样的大疙瘩；他妻子的脸上长了一团赘肉，满脸脂肪；他们的儿子们都看起来毛茸茸的，在别人都不长头发的部位，比如额头和耳朵上，他们也长有茂密的毛发，这被他们认为是福相。不难理解，这些毛发一定也是因为他们睡得太多才胡乱长出来的。

你会看到高大强壮的农场孩子们匆忙地赶着马车到处走动，他们可以不停歇地走上一个小时。他们完成工作时，便忘了他们为什么要这样做。于是干脆躺下睡觉吧！他们还能在雷雨天中，下巴撑在铲把上站着睡。田野上有他们搭建的临时小窝，他们困了的时候，便会躺下睡上一觉。

> 这样能睡，为后文年轻人计划的实施提供了便利。

农场里的人很落后，和他们住的房子一样。房子是老式建筑，墙壁油腻得可以粘住人，屋檐几乎低到地面上。他们使用的木犁，是其他地方淘汰的旧样式。唯一难得的是，他们新近买了把长柄镰刀，替代短柄镰刀。因为他们身体僵硬，使用短柄镰刀比较费力。但他们怠于研究怎么使用新工具，终究还是搁置不用了。和其他东西一样，农场里的动物不是老，就是瘦，甭想指望它们干活儿。母牛浑身毛茸茸却不能挤奶；山羊身上长满跳蚤，腿部也有缺陷。外人看起来糟糕的一切，对这里的人而言，却是极好的。他们对物质要求不高，吊着的敞口大锅里，除了黑乎乎的燕麦粥，什么都没有。当年，他们的祖先穷困潦倒时，就是靠燕麦粥挺了过来。他们沿袭这种吃法，一丁点儿都没有舍弃的念头。黑麦粥熬得又黏又硬，主妇们直接将粥甩到墙上，想吃时，掰下来就能吃。看到此情此景，大概就会理解为什么这里的人每天如此消沉，对明天完全没有期待。

> 这里说明农场民风比较淳朴，但也说明这里的人们比较轴，这为后文人们丝毫没有怀疑有人在恶作剧做了铺垫。

农场主的大儿子在服兵役期间，曾在王宫里做事，这段故事挺有趣。有一次，军中例行检查，长官命令他脱下上衣，他竟然哭出来。从进入王宫的第一天起，他的精神就变得十分恍惚，经常沉浸在悲伤中。他的经历让农场的其他孩子们一想到自己也要去服兵役，就止不住地害怕。巴克家人唯一一次开怀大笑就是在湖边那次，他们耐心地站在岸上等着，眼看着那几个年轻人在湖里走投无路，最后

延森

125

缴械投降。现在，正是湖里那群年轻人复仇的时候了。

这些年轻人来到湖的另一边，看到巴克家仍然亮着灯，实施计划还为时尚早。为了打发时间，他们在一所经过的小房子外举办一场音乐会。小房子里住着一位名叫马伦的老寡妇，年轻人的到来，让孤单的老太太喜出望外。她走出来道谢，并送上节日祝福，还邀请年轻人进屋。盛情难却，他们也就坐到屋里了。老太太屋里很暖和，客厅的桌子上倒扣着一本书，上面是她的老花镜。

"哦，亲爱的小伙子们，我这里没有什么好东西能给你们，"进门后，马伦不好意思地说道，"这真是太让人难为情了！我从来没有想过会有人来陪我这个老太婆一起过除夕。"

"您太客气了，"带头的年轻人说，"我们带来一瓶白兰地。但是……如果您家里能有些面团就好了……"

"面团？是用来下酒吗？"

"当然不是，我们只是需要一些面团，最好是柔软又有黏性的面团。"马伦担忧地说："你们是在打什么坏主意？上帝保佑你们！我会把面团给你们，但你们究竟要用它做什么？"

年轻人自然是不会说的，这可是机密。马伦

> 遇到出乎意料的喜事而特别高兴。

婆婆的面团不算少，但都是干燥的，有的还结着硬壳。

"我可以加点水把面团热一热。"马伦热情地提议道。

"太好了！"年轻人一边抽着烟、喝着酒，一边等待着面团变软。

"不知道杂货店是不是还开着门……"带头的年轻人说道，陷入思考。

"肯定关门了，"马伦答道，"那里关门早。"

年轻人一动不动地坐在那里。

"我们需要一些纸。请问您家里有纸吗，马伦？"

"你们要用多少张？你们到底要干什么呢？我这里倒是要多少有多少。"

"我们需要很多。但我们不是要用来写东西。"

"看我找到了什么。"马伦高兴地叫道。只见她从抽屉里拿出一大堆纸片，有火柴盒的旧封面，精心裁剪过的纸壳，还有写字用的纸张。马伦把这些通通拿给年轻人，她的眼里闪烁着参与其中的激动。经过查看，这些纸都能派上用场，且数量足够。

大家一致认为，应该把这些碎纸粘成大纸张，

> 对待这些年轻人的请求，老人表现得既不安又顺从，说明她实在是太孤单了。

这时候面团就派上用场了。马伦饶有兴趣地看着他们。当一张大纸张呈现在她面前的时候，她突然明白了，这群年轻人究竟要干什么！她一个字也没有讲出来，只是一个劲地憋着笑，到最后抑制不住，全身不住颤抖。她咬紧牙关，控制住自己的兴奋，却最终没控制住，倒在椅子上。

✎ 马伦此举表明她已经知道这群年轻人要干什么了，这说明了马伦很聪明，同时从侧面反映出巴克家的嗜睡已经到了众人皆知的地步，与前文呼应。

终于，年轻人忙完手里的活计。出门查看巴克家是否熄灯的同伴也回来了，他点头示意，表示巴克家的灯已经熄灭。于是，他们向老马伦道了一声晚安并表示感谢后，就离开了。马伦目送他们一会儿后，才关上门，在屋里放声大笑，笑声传得很远。

年轻人到达巴克家时，里面一片寂静，伸手不见五指。院里的人睡得正沉，除非是放一炮，否则不会把他们吵醒。尽管如此，几个年轻人还是小心翼翼地，花了整整一个小时，才把所有的窗户用纸糊上。好在窗户不多，也不大，大点的窗户只有面向院子的那两扇而已，还有几扇朝向院子的采光窗户。他们连一条缝隙都没放过，封得特别细致，甚至连门上的钥匙孔也封死了。做完这一切后，他们憋着笑，悄悄地溜走了。

因为是除夕夜，巴克家的人睡得比平时要晚，所以第二天元旦的时候，他们毫不意外地睡到很晚，直到下午的时候，他们一个接一个地醒来，发现四周黑得像在墓地里一样，以为天还没亮，便又接着睡去。又过了一天，老巴克再次醒来，他感觉自己这一觉比平时睡得久，于是爬起来，走到门口，看天是不是亮了。此时正值隆冬时节，天黑得又早，老巴克以为自己搞错了，又回去睡觉了。其中一个儿子从床上跳下来，打着哈欠问现在几点了。老人摸了摸指针说大约七点钟。在冬天里，无论早晚，天色都差不多。

"应该不止七点钟吧，"儿子嘟囔道，"我现在特别清醒，恐怕是生病了，肚子饿得很。"

"嗯，"老人安慰道，"你现在快躺下，别打扰别人睡觉。如果你真的病了，天亮之后我们会带你去看看。"

老巴克接着睡觉。说实话，他也感觉饿得离奇，但寻思着这肯定是错觉。躺在一旁的妻子也醒着，打了个哈欠，嘴唇动了动，最终却什么也没说。过了一会儿，全家又陷入沉睡。

碰巧除夕夜那晚，一位老牧牛人和巴克全家人一起吃了晚饭。因为对农场的老式建筑十分喜爱，所以他很乐意来这里。巴克一家也是十分热情地招待他。老牧牛人是傍晚时候到的，他在这里吃了晚饭，唱了歌后，就被安排了睡觉的地方。当老巴克

✏️ 老巴克被年轻人的恶作剧戏耍了。

✎ 吃一堑长一智，第一次恶作剧的失败，让这些年轻人心思变得更加缜密。从后文看出，控制住牲畜，确实是整个计划中的关键一环。

起来查看天色的时候，他还听到牧牛人翻了个身，咕哝了几句。但是，当整个房子再次安静下来的时候，牧牛人又和其他人一样睡了过去，没了动静。

要让农场的牲畜整天保持安静，那可太难了。好在这群年轻人考虑周全，他们可不想因为这点差错，毁了整个计划。凯尔比的几个年轻人留下来，仔细检查烟囱有没有冒烟，还专门去牛棚给牛喂了足够的饲料，以免他们饿得叫。

就这样，巴克家的人又昏天暗地地睡了一夜。当他们再次醒来时，所有人都觉得既清醒又饥饿。老巴克爬起来摸了摸钟表的针，一看才八点，原来才睡了一个小时啊。儿子们再也无法入睡，他们嬉笑吵闹着学猫叫，在黑暗的掩盖下，肆无忌惮地大笑，自娱自乐。另一边的女儿们也在被子里翻来覆去，发出小牛一样哞哞的叫声。此刻，老牧牛人也醒了。他们听到他像一头猛兽一样扭动着自己的身体，发出自言自语的声音，声音越来越大，还时不时地咂着舌头，咯咯地笑出声。孩子们闹着让他唱歌，但他觉得黑夜就是应该安静地享受。大点的孩子，在黑暗中胆子越发大，说话越来越放肆，说出的笑话也越来越离谱，让人哭笑不得。

"你们能安静些吗？"老巴克透过卧室的门对他们喝道，"在神圣的新年早晨，你们这样像什么话！"

受训后，孩子们安静下来。但过了一会儿，老巴克自己也忘了，他打趣地对床上醒着的妻子说道："我现在又渴又饿……"

这句话引起所有人的共鸣。但他的妻子是一个冷静有原则的人，她认为老巴克今天不太正常。"能闭上嘴吗？"她对着隔壁的孩子们训斥道。过了一会儿，她从床上听到窸窸窣窣的进食声，声音是从孩子们那边发出的。她跳起来，检查孩子们是不是对悬挂在横梁上的香肠和火腿下手了。这可是她极力保护的美食。果然没错，孩子们偷吃了！

"你们太可耻了！"她痛苦而愤怒地叫嚷道，"你们在干什么？你们要躺在床上啃火腿吗？你们太可耻了！"

孩子们十分羞愧，闭嘴安静下来。妻子却像不受控制一样，自己也觉得饥肠辘辘。

她想到刚刚丈夫是这么说的："在床上吃一小口又如何呢？只不过早一些罢了！今天本来就该有一场盛宴的。"于是，在和丈夫简短地商量后，她摸黑起身走进厨房，拿出很多蛋糕和面包。根本用不着点灯，她对厨房太熟悉。她又从啤酒桶里倒出一大杯啤酒后，就带着这些食物回来了。他们躺在床上，吃着喝着，聊着天，氛围一片欢快，而且有

形容细小的摩擦声音。

种从未有过的轻松愉悦感。他们感叹着除夕夜的漫长，彼此说着吉祥话。但这点食物显然没有填饱大家的肚子，妻子宽容地允许每个人去储藏室里拿各自喜欢的食物。他们光着脚，裹一床被单，回来的时候，带回一大兜的面包、奶酪和肉。炉火早已熄灭，他们瑟瑟发抖地吃东西。一个女儿本想给炉子重新生火，但天太冷了，谁也不愿意下床陪她一起。吃饱喝足之后，要过很长时间才会暖起来，一个人趁机躺下了，另一个也跟着躺下了。就这样，大家又睡过去了。

✎ 妻子看似冷酷，实则宽容。这点可以从她摸黑熟练地在厨房里找到食物，并允许所有人拿自己喜欢的食物上看出来。

到第三天晚上，当他们再次醒来时，谁也睡不着了。儿子们推开门，站在那里，仰望天空，试图找一点儿天空放亮的痕迹。但天空还是一片黑暗。他们从来没有经历过这般漫长又毫无尽头的黑夜。男人穿上一件衣服，打算出去喂牛，发现牛都悠闲地躺在地上，精神良好，像是刚刚饱餐了一顿。马的状态也很平静，一副吃饱的样子。食槽里明显有人投入过饲料。男人沉默了，他寻思着这是小精灵所为。但他没把这个想法说出来，因为绝不会有人相信。

✎ 从这里可以看出男人单纯的一面，他要是不单纯，也不至于被蒙骗好几天。

既然天没亮，他们只能再次躺下。睡不着的孩子们无事可做，请求大人把灯点上，这样他们就能在床上玩牌。他们的母亲拒绝了。如非紧急情况，蜡烛是不能随意浪费的。

对吃饱睡足的年轻人来说，不找点事，就无法消耗这旺盛的精力。黑暗中，他们又开始吵闹起来，其中一个站起来扭着屁股放了个屁，其他人看到，也有模有样地学了起来。他们发出近乎癫狂的笑声。大人们责备他们不懂事，但自己也跟着笑出来。女孩们则把自己藏在被子下，发出闷闷的笑声。黑暗的房间里，回荡着无法抑制的笑声。那真是没有忧愁、发自内心的笑声。他们躺着，闹着，笑着，消耗着体内旺盛的生命力。欢笑声中，男孩们玩起摔跤，女孩们则互相挠痒，像春天在暖阳下奔跑的小猪，发出满足的哼叫。口渴时，他们大口喝着美味的啤酒，然后又想出新花样来玩，挨过这漫漫长夜。

一幅生动活泼的嬉闹图。这时，这家人的家庭氛围轻松、自由，孩子们肆无忌惮地释放自己的天性。

老牧牛人原来是忍住不参加的，但这欢乐的气氛感染了他。他想加入其中。他先是唱了一首歌，这是他唱得最好的歌曲之一。要是换作平时，他非得要上一大笔钱才肯唱。这首歌悠扬又浪漫，特别适合在黑暗中演唱。大家热烈地捧场，大声呼叫着，气氛达到高潮。

接着是猜谜语环节。老牧牛人说了个很有意思的谜语。大家猜得八九不离十，但没人完全猜对。老牧牛人虽然腿脚不灵活，但身体还算硬朗。他仰面躺在长凳上，手臂在黑暗中来回挥动，滔滔不绝地讲起故事，自己却没有笑。内容有点深奥，声音像踏在苔藓上或像踩在春日的草地上发出的声响，又像是从一把低沉的琴弦上弹出的旋律。舌头在没有牙齿、满是胡茬的嘴里轻柔地旋转着，像黑色天鹅绒般的泥潭在咕咕涌动。

老牧牛人很快发现，这里没人听得懂他的话，大家都不再发出笑声。于是，他沉默了，像风箱放风一般呼呼地喘着气，很长时间后，风箱才罢工。

这里需要一个比言语更能表达快乐的形式，老牧牛人躺在床上想着新花样，其他人继续在床上嬉闹着，完全忘了他的存在。没人留意这个老伙计在黑暗中盘算着什么，直到他们听到他像山羊一样叫唤。他在屋檐下的一个洞里摸到一只活麻雀，他把它放到床上，轻轻抚摸它。他是如此感动，于是偷偷溜下床，走了一段距离，把麻雀放在女孩们的床上。

麻雀扑腾着，女孩们因为害怕而失声尖叫！突然，又有什么东西跳到被子上，是一只猫，它在黑暗中跳了起来，跃跃欲试要去抓麻雀！女孩们尖叫着，踢打着，笑闹着。可怜的小麻雀，在一片漆黑中，从这个角落飞到那个角落。紧跟其后的猫挥舞着利爪，时刻准备抓住麻雀，却因为太专注，头撞到了墙壁上！女孩们趁机抓住了猫，把它摁在被子

> 无聊是最难熬的，大家都需要找些乐子打发时间。

延森

下，抚摸它，安抚它。可猫不肯罢休，它像被点燃的火药桶，张牙舞爪地等待时机抓麻雀。孩子们疯狂地笑着，声嘶力竭地喊着，声音都嘶哑了，然后吸上一大口气，继续新一轮的更高声调的尖叫。此时，已经躺下的牧牛人再次为这场"音乐会"献上最深沉、最温暖的歌声。他模仿鸟儿的啼叫，像只蜷缩在树林里的杜鹃发出的叫声，轻柔、婉转，让他的歌声蒙上一层薄雾，如同夜晚般幽静。后来，他吹出一首长长的哨声，裹着晨曦的睡意和初升的暖阳。哨声嗡嗡作响，在空中腾挪，与黑暗纠缠在一起。此时，往事浮上老人的心头，那些黄金岁月再也回不去了。他迷失在对过去的回忆中，嘴里依旧动情地吹着，浑然忘我。最后，他彻底安静下来，躺在黑暗中，忘记了周遭的一切。

嗓子喊哑，力气用尽，形容拼命叫喊、呼号。

欢乐的麻雀事件后，孩子们又在找新乐子。他们不再需要靠一场盛宴来博得大笑，因为他们从未像此刻这样快乐。他们感激这场狂欢中任何一种传递快乐的方式。这些快乐足以抵消日常生活里的琐碎和粗糙。才艺展示时，一个孩子躬着身体，疯狂地吹着口哨，从中获得了某种新鲜又真实的快乐。

小儿子以不同的方式表现同样的聪明才智。他下床，在地上学残疾的老牧牛人走路：用带子绑住一条腿，在黑暗中一瘸一拐地走着，却不发声，完全沉浸在自己的表演里。老巴克躺在那里，讲了很多牛市交易的内幕，但似乎没有人听他讲话，他自己倒是高兴得很。过去，他绝口不提这些不道德的行径，但现在有黑夜做掩护，他敞开心扉，尽情释放自己。随着讲述的结束，内心轻松不少。唯一没有参与这场狂欢的是巴克的妻子，她随时都要保持作为家庭主妇的威严。她躺在那里，看着这一切，感到惊奇。她从未经历过这样的夜晚，从未见过这样的丈夫，也从未见识过孩子们的疯狂。她觉得人不能贪图快乐，但在这里，他们挣脱了束缚，尝到了幸福的滋味。

　　孩子们在屋子里跑来跑去，一个个像不规则的球一样弹来弹去。巴克的妻子高兴不起来，她觉得她在家里的权威被冒犯了。但她没说一句话，现在的氛围太快乐了，她也不好扫兴，只能暗暗想着以后再收拾这些孩子，还有她的丈夫，否则以后没人听她的话，她只有哭的份了。

　　没人留意她的沉默，大家都在忘我地狂欢。

　　在彻夜的狂欢中，老巴克带着重生的勇气，领着可以移山填海的队伍走进新的一年！

　　他们如丹麦人霍尔格一样在新年的清晨醒来了！

　　很明显，他们起晚了，因为当他们穿好衣服，站在教堂外，却发现一个人都没有。教堂的门已被

霍尔格是丹麦著名勇士，曾抵御外敌，立下赫赫战功。后战事平息，他依旧心忧国家的安危，连睡觉时都佩带着宝剑，随时为国战斗。

锁上，他们不明白发生了什么。

　　这时，一个凯尔比的青年说道，今天已经没有活动了，因为现在是新年的第三天，而不是第一天。这个青年还告诉他们，两天以来，巴克家的烟囱没有冒烟，这让大家感到十分震惊。青年还想问问他家发生了什么事，巴克家的人已经来不及解释，匆匆赶回了家。全家人的心情都很低落，一想到自己睡了三天，而别人都过完年了，便再也没有之前愉快的心情了。他们现在笑不出来，只感到自己转身时，背后传来揶揄（yé yú）的笑声。

　　回到家后，他们检查了窗户，没有发现破绽，窗户上只残留着一些碎纸和黏面粉。原来，在第三天的前一晚上，年轻人偷偷摸摸地把糊上去的纸张揭下来了。因为直至第二天，巴克一家还没有动静，<u>这不禁让这些恶作剧的年轻人开始担心起来，担心这一家子睡死在里面</u>。他们还曾偷偷跑过去查看情况，结果发现这家人在黑暗中欢呼雀跃，仿佛在举办一场盛大的宴会。于是他们在欢声笑语的掩护下，消灭了窗户上的作案证据。

　　在假期余下的时光中，巴克家的人再也没有出现在农场外。在宁静的霜冻之夜，他们只待在家中，听着凯尔比小镇上传来的欢笑声。

✏️ 说明这群年轻人的本性还是善良的。

阅读小助手

　　一场恶作剧，让巴克家的人沉睡了好几天。这几天里，他们除了睡，还进行了大量的自娱自乐活动。虽然是被别人蒙蔽了，但是他们能够活在当下，得乐且乐的精神是值得肯定的！

　　人生总是有很多的意外，与其绞尽脑汁追根究底，不如发挥主观能动性，变被动为主动，或许能有意料之外的收获。

○ 作家档案

中 文 名：**叶芝**

外 文 名：William Butler Yeats

国　　籍：爱尔兰

出生日期：1865年6月13日

逝世日期：1939年1月28日

认识作者

　　叶芝，诗人、剧作家和散文家，生于都柏林一个画师家庭，自小喜欢诗画艺术。1884年，抛弃画布和油彩，专意于文学创作。1887年到伦敦。1891年组织"诗人俱乐部"。他是爱尔兰文艺复兴运动的领导者之一，他的诗对英国当代诗歌的发展产生了重大影响，被称为"我们这个时代最伟大的诗人"。

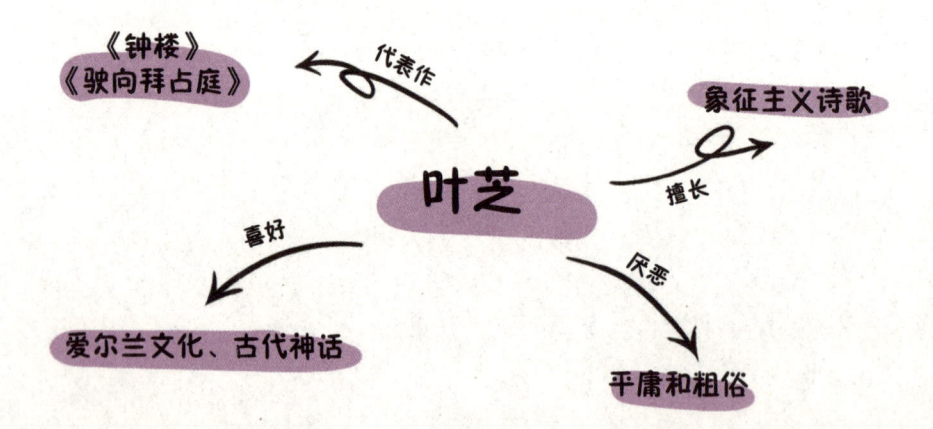

《钟楼》
《驶向拜占庭》 ← 代表作

象征主义诗歌 ← 擅长

叶芝

喜好 → 爱尔兰文化、古代神话

厌恶 → 平庸和粗俗

1923年诺贝尔文学奖

获奖理由：
　　由于他那永远充满着灵感的诗，它们透过高度的艺术形式展现了整个民族的精神。

创作风格

　　叶芝的作品几经变革，最终形成了他自己特有的风格，以深沉的情感和象征性的语言风格而闻名，并融合了多种文化和传统元素。早期作品受唯美主义和象征主义影响较深，较为虚幻朦胧。随着时间的推移，创作后期，他创造性地将象征主义和写实手法结合起来，将生活哲理和个人情感融为一体，使得他的诗拥有罕见的真与美。

作文素材

　　一个人随着年龄增长，梦想便不复轻盈；他开始用双手掂量生活，更看重果实而非花朵。《凯尔特的薄暮》

　　天边低悬，晨光里那颗蓝星的幽光，唤醒了你我心中，一缕不死的忧伤。《白鸟》

　　一朵花开了，世界的心核，瓣和叶是一簇月白火焰。《一朵花开了》

最后的吟游诗人

张 明/译

大约在1794年，迈克尔·莫兰降生在都柏林自由区的菲德尔街——挨着布莱克匹兹街区。两个星期后，他因病双目失明，父母觉得这真是天赐的福分，很快就送他去各个街角和利菲河的大小桥梁上卖唱乞讨。他们很可能在盼望多生几个像他这样的孩子。因为一旦免除了视觉的干扰，他的内心就成了一间绝佳的回音室。日常生活里的每一点动静，公众每一次情绪的变化，都能在这间回音室里沉吟回荡，最终演绎成一段押韵诗或俏皮话。到了成年时，他已是自由区所有民谣诗人公认的主事人。织布匠马登、威克洛郡的盲提琴手卡尼、米斯郡的马丁、天知道哪个郡来的麦克布赖德以及麦格雷恩，就是那个在真的莫兰去世之后，把别人的羽毛——也就是别人的破烂衣衫——装饰在自己身上，堂而皇之地声称自己才是真莫兰的麦格雷恩，还有许多其他人，都对他俯首听命，将他奉为自己那个圈子的领袖。尽管失明，他在婚姻上仍是一帆风顺，甚至还有挑三拣四的余地，因为他既衣衫褴褛又头脑

📖 发源于威克洛山区，流经爱尔兰威克洛郡、基尔代尔郡和都柏林郡的河流。

📖 形容人驯顺的样子。

叶芝

聪明，这样的结合恰恰成了女人中意的品质——或许是她们的人生循规蹈矩，所以才会倾心于与众不同、油嘴滑舌和捉摸不透的人物。尽管衣不蔽体，他却能养尊处优。人们还记得，他特别爱吃刺山柑酱，有一次他因为吃不到而毫不掩饰地大发雷霆，甚至朝他妻子扔了一根羊腿。不过，他的外表倒是乏善可陈。他身穿一件起绒的粗呢大衣，连着披肩，镶着荷叶边，下身是一条旧灯芯绒裤和一双粗革皮鞋，手腕上用皮带拴着一根粗手杖。吟游诗人麦克康格林在科克时，如果从石柱的预言异象中看到了莫兰，这位国王的朋友想必会大惊失色。尽管他已不再身着短斗篷和皮革行囊，他依然是一位真正的吟游诗人，能与那些诗人、弄臣和为大众写作的新闻记者平起平坐。早上用过餐食后，妻子或某个邻居会为他读报，一直读到被他打断："这些就足够了——我已经想到了。"他思考出的东西中有足够讲一天的笑料和韵文。在他的起绒大衣下怀揣着整个中世纪。

　　他倒不像麦克康格林那样厌恶教会和神职人员。当他思考的果实尚未成熟，或者当围观群众嚷着想听更实在一点的东西时，他就会朗诵一段韵文，或者吟唱一首民谣，内容有关圣徒、殉道者或是《圣经》里的历险故事。他一般会在一处街角

> 典故出自中世纪爱尔兰故事，故事讲述由于国王遭到恶魔附体，麦克康格林前往救助，行至科克时，他在幻境异象中看到了对付恶魔的办法。

站定，等到身边聚集了一群人，他便会以下面这种方式开场（我是从一个认识他的人那儿抄录来的）——"围拢些吧，孩子们，围拢些吧。孩子们，我踩着水洼了吗？我脚下是湿的吗？"马上会有几个孩子喊道："啊，没有！你没有！你正站在一块干燥舒适的地上。接着讲圣玛丽吧/接着讲摩西吧……"每个人都在为自己最喜欢的故事叫嚷。莫兰警觉地一扭身子，抓紧了自己的破衣服，大吼一声"凡是还在吵吵嚷嚷的朋友全是背后给我使绊子的坏家伙"，接着他对孩子们发出最后一次警告"如果你们还不停止嬉戏吵闹，我会给你们点颜色瞧瞧"，随后便开始了朗诵，或者他仍觉得不是时候，便又问道："现在我周围围着一群人吗？我周围有异教徒、恶棍吗？"他最拿手和最著名的宗教故事是《埃及的圣玛丽》，这是一首极度庄严的长诗，缩写自一位科伊尔主教写的一篇更长的作品。它讲的是埃及的一位轻浮女子，名叫玛丽，她不怀好意地尾随朝圣者来到了耶路撒冷，想进入神殿时却被一股莫名的神力制止。她悔过了，于是逃进了沙漠，在孤独的忏悔修行中度过了余生。生命临到尽头时，上帝派佐西马斯主教去聆听她的告解，为她施最后的圣礼，并派来一头狮子帮忙，为她挖掘坟墓。尽管有着令人难以忍受的18世纪腔调，这首

摩西：以色列人的民族领袖，史学界认为他是犹太教创始者。

叶 芝

诗却大受欢迎,频繁被人点唱,以至于莫兰很快就得了"佐西马斯"的绰号,并以这个名字留名后世。他还写了一首诗,题名为《摩西》,有点像那种真正的诗歌,但又不太像。不过,他还是容忍不了诗歌里的庄重感,不久便将自己的作品进行了戏仿,改写成了一种乞丐的风格:

> ✎ 莫兰的性格是始终如一的,此处呼应了前文对他的描述。

在埃及的领地,尼罗河的广袤流域,
法老王的女儿衣着高雅,前去沐浴。
她泡完了澡,便起身上岸,
她奔跑在海岸,好让风把王室的肌肤吹干。
一束芦苇绊倒了她,她倒在地上看到
一团稻草包着一个婴儿,正在对她笑。
她轻声又细语,抱起小婴孩:
"老少爷们儿,姑娘们,这是你们谁家的娃?"

他在那幽默的韵文里,往往要拿同时代的人士打趣。例如,他很乐于在一首歌中提醒某位鞋匠他那卑微的出身,而这位鞋匠是出了名的邋遢和喜欢炫富。如今这首诗歌只有第一节流传下来:

在肮脏巷里肮脏的深处,
肮脏的补鞋匠迪克·麦克雷恩就在那里住。

145

他的老婆五大三粗，
从先王在位时就在兜售橙子。
在埃塞克斯大桥她扯着嗓子叫卖，
"六个只要一便士"是她的招牌。
可是迪克爱把崭新大衣穿在外，
他便能混入自耕农的圈子。
他偏执盲从，整个家族都一个样，
来到了街上，他一边放肆歌唱，
"噢，这一路摇来晃去呀"，一边骑着他的老瘦马。

他遇上了各式各样的麻烦事，要面对和击退数不清的干预者。一次，一个作威作福的警察把他当作无业游民抓了起来，但在法庭上，莫兰说他依循的是荷马确定的判例，而荷马同样是一个诗人、一个盲人，还是一个要饭的。法庭上下一片哄笑，警察彻底吃了败仗。随着他的声名远扬，一个严峻的问题摆在了他面前。四面八方涌现出了一众模仿者。比如，有一个演员在舞台上表演时模仿莫兰的格言、歌谣和穿着，莫兰能挣多少先令，他就能挣多少几尼。一天晚上，这个演员与几个朋友正在吃饭，不知怎么就争论起他的模仿是否比本人还像。最后他们一致同意由民众来评判输赢。赌注定为某

📖 古希腊盲人诗人，西方文学的始祖，著有《荷马史诗》。

📖 英国旧时货币单位，1几尼合21先令。

叶芝

家当红咖啡馆里一顿四十先令的晚饭。演员在莫兰常去的埃塞克斯桥上刚站定没多久，一小群人就围了过来。他还没来得及唱完"在埃及的领地，尼罗河的广袤流域"这句，莫兰就现身了，身后也跟着一群人。两群人相会时热情高涨，笑声连连。"善良的基督徒啊，"冒牌货叫喊道，"真会有人这样来戏弄我这个可怜的瞎子吗？"

"是谁在说话？有人冒名顶替我。"莫兰回应道。

"走开，你这可怜虫！你才是冒名顶替的人。你戏弄一个可怜的盲人，难道就不怕你眼中天赐的光明会被收回吗？"

✏️ 对一些人来说，谎言也可以说得义正词严。

"圣徒和天使啊，难道就没有办法阻止这样的事吗？你这丧尽天良的恶棍，竟要夺走我勤劳挣来的口粮。"可怜的莫兰说道。

"而你，你这可怜虫，竟然不允许我继续吟诵这美丽的诗歌。基督徒们啊，你们可否行善轰走这人？他仗着我失明就想占我便宜。"

瞧见自己占了上风，冒牌货谢过人们的同情和维护，便继续吟诵诗歌。莫兰不知所措，静静听了一会儿。片刻之后，莫兰抗议道："难道你们谁都不认识我了？你们看不出我才是真正的我，而那是个冒牌的家伙吗？"

147

"在我继续这个美丽的故事之前,"冒牌货打断了他,"我敬请你们行善布施,好让我能继续讲下去。"

"难道你没有需要拯救的灵魂吗?你这目空神灵的人。"莫兰喊叫道,这最后的中伤使他完全失去了理智,"你是要抢劫穷人,毁灭世界吗?噢,世上怎会发生如此邪恶的事啊!"

"我让你们做主,我的朋友们。"冒牌货说,"你们捐给真正的盲人,你们想必已经知道是谁了,然后助我免受这些阴谋诡计的嘲弄。"说完他便收到了一些便士和半便士。与此同时,莫兰开始吟诵他的那首《埃及的圣玛丽》,但是愤怒的人群抓住了他的手杖准备揍他,然而他们看清了他确实很像莫兰,心生疑惑而再次退后。这时冒牌货呼吁他们:"只要让我抓住那个恶棍,我会立马让他明白谁才是冒名顶替者!"他们把他领到莫兰跟前,但他没有冲上前去,而是往莫兰手里塞了几个先令,然后转头向人群解释说他其实只是个演员,这些事都是为了赢得一场赌局,随后他在一片哗然中退场,去享用他刚刚赢来的晚餐。

一八四六年四月,神父得知迈克尔·莫兰快要死了。神父前往帕特里克大街15号(现如今是14又1/2号),看到他躺在稻草床上。<u>房间里挤满了</u>

✏ 呼应前文的众人对他俯首听命。

叶 芝

衣衫褴褛的民谣歌手，他们是在他的临终时刻来慰藉他的。在他死后，民谣歌手们带着提琴一类的乐器又来造访，为他风风光光地守了一次灵，每个人都献上了自己所知的爱尔兰古诗、故事、古语或者古朴的韵文，为这场欢庆活动增添了一分喜气。他已享有过一生，做过临终祷告和忏悔，所以为何不能给他办一场热热闹闹的欢送会呢？葬礼在第二天举行。由于天气潮湿阴冷，他的崇拜者和朋友里有好多人都跟着棺材一同上了灵车。车没开出多远，就有人憋不住开口道："这天气快冻死人了，不是吗？""天哪。"另一个人说，"等到了墓地，我们全冻得跟尸体一样僵硬。""他真不走运。"第三个人说道，"我希望他能再撑一个月，直到天气转好。"有个叫卡罗尔的人随即拿出了半品脱威士忌，他们一起举杯敬逝者的灵魂。然而不幸的是，灵车超重了，还没开到墓地，弹簧就绷断了，连着酒瓶一起散了架。

> 英美制体积和容积单位，一品脱约合0.57升。

或许就在莫兰的朋友们为他饮酒饯行时，他正准备迈入另一个国度，但那里想必会让他觉得陌生而不自在。让我们祝福他能寻到一个温馨的中间地带，在那里他能把一首旧诗用更新颖、更有韵律的方式吟唱出来，将蓬头垢面的天使唤来围在他身边聆听：

围拢些吧，孩子们，围在我身边，
好吗？孩子们，快围过来。
听听我接下来的发言，
在老萨利给我捎来
面包和一罐茶之前。

在那里，他还会便肆无忌惮地对炽天使和智天使抛出讽喻和揶揄。尽管是一个叫花子，或许他已经发现了代表至高真理的百合、拥有绝世之美的玫瑰，并成功采撷。有太多的爱尔兰作家与之错失，他们不论名声大小，最后都如同拍向海岸的浪尖泡沫一般虚度了光阴。

阅读小助手

本文讲述了吟游诗人莫兰的故事，他虽眼睛失明，衣衫褴褛，但遮挡不住才华的外露。粗缯大布裹生涯，腹有诗书气自华。人不应过多追求外表的华丽、物质的丰富，而应追求精神层面的丰沛。

叶 芝

老人临水感叹

李秋宜/译

听闻耄耋老人暗自感叹：
"一切都在改变，
一个接一个，我们慢慢走散。"
他们的形貌枯槁，膝盖弯得
如同水边的老荆棘树。
听闻耄耋老人暗自感叹：
"芳华尽散，
逝水流。"

指老年；高龄（耄：七八十岁的年纪）。